HÉVA

PAR
MERY

I.
LE FESTIN.

Sur la côte de Coromandel, non loin de Madras, dans les terres autrefois désertes, on trouve un paysage si beau que les voyageurs n'en ont jamais parlé, car les phrases leur manquent, et ils aiment mieux laisser dans l'Inde une omission qu'une injustice. Monsieur Sonnerat est le seul qui ait hasardé cette exclamation : — *Que la nature indienne est belle dans la solitude de Tinnevely!* * puis il a fait la statistique des factoreries de Madras. J'ai sur mes devanciers un avantage considérable pour peindre ce paysage ; je ne l'ai pas vu. Si je l'avais vu, je ne le peindrais pas. Voici donc mon tableau, dont je garantis la ressemblance : il y a un lac, bleu comme une immense cuve d'indigoterie, qui perce une infinité de petits golfes dans une longueur de six lieues ; sur trois côtés, l'horizon de ce lac est fermé par une haute montagne, et par des collines vertes à formes capricieuses, ressemblant assez à une succession de dos gigantesques de dromadaires. Du côté de la plaine, le rivage est comme un vaste jardin de tulipiers jaunes, jalonnés par intervalles de hauts palmiers, les uns groupés étroitement comme les membres d'une famille bien unie ; les autres isolés, comme des égoïstes ou des misanthropes qui fuient la société. De même que le lac a creusé des baies dans la terre, ainsi la terre, par imitation, a jeté dans le lac de petits promontoires aigus comme des aiguilles de clochers qui flotteraient sur l'eau ; ces terrains ambitieux sont couverts de touffes profondes de verdure ardente, où se mêlent les ébéniers, les naucléas, les caquiers, les érables que la nature a prodigués pour favoriser les tigres qui veulent venir boire au lac, la nuit, sans être vus des pâles humains. Maintenant, si vous prenez la peine de regarder au pied de la montagne, vous trouverez un *chattiram* délicieux **. Ses quatre colon-

* Qu'il ne faut pas confondre avec la province ainsi nommée, et qui est située au cap de Coromandel.
** Du sanscrit *tchutour quatre*.

nades d'érable rappellent un peu l'ordre Pœstum adoré à Londres, et ne le font pas regretter ; sa toiture fort élevée laisse un vaste passage à la circulation de l'air : son escalier de bois de santal a vingt-deux marches, et la dernière se baigne dans le lac, à côté d'un troupeau de jeunes et candides éléphants qui boivent l'eau et le soleil. Dans la position où vous êtes, le *chattiram* vous cache une ravissante maison de campagne, comme Adam la rêvait dans le paradis terrestre, après sa faute, quand la terre maudite se hérissa de chardons. Cette demeure voluptueuse appartenait en 18.. au plus riche négociant de Madras. Son nom était Mounoussamy ; il naquit Indien et idolâtre, et il n'avait pas trop changé de religion en se faisant Méthodiste pour épouser la plus belle Hollandaise de Batavia, laquelle avait reçu, comme don d'amitié du riche Palmer, une dot d'un million de piastres. Palmer aurait fait l'aumône au Pérou. Héva était le nom de la belle Hollandaise, épouse de Mounoussamy. A la date nébuleuse que j'ai citée plus haut, elle avait vingt-quatre ans. Si vous n'avez jamais été dans l'Inde, vous ne pouvez vous faire une idée de la fascination qu'exerce une jeune femme du beau sang européen dans ces climats qui brûlent le corps et l'âme. Malheur à l'étranger qui venait s'asseoir un instant sous le péristyle de la maison d'Héva, pour admirer le lac du Tinnevely! un des nombreux domestiques de l'Indien avait ordre de l'inviter à dîner, et ce repas, accepté avec tant de joie, empoisonnait moralement le pauvre voyageur ; il voyait Héva, et il oubliait son pays, sa famille, et même sa femme et ses enfants, s'il en avait. Le mari d'Héva était à cet âge heureux où les passions doivent laisser l'homme en repos ; d'ailleurs on disait qu'il ne connaissait pas la jalousie, vice des pays froids, ignoré sur la côte de Coromandel ; aussi, dans sa richesse, sa solitude et ses ennuis, il ne demandait pas mieux que d'avoir toujours nombreuse compagnie à sa maison ; mais cette société de voyageurs, de savants, d'artistes, de parasites des quatre parties du monde, était toute composée de jeunes gens épris de sa femme, et se surveillant si bien les uns les autres que le mari pouvait fermer les yeux et compter, en pleine confiance, sur la perpétuité de son bonheur conjugal. Si Pénélope n'avait eu qu'un seul poursuivant, Ulysse aurait été Ménélas ; elle eut cent amoureux, et elle garda vingt ans sa vertu, nuit et jour, sa broderie à la main.

Héva ne comptait que vingt poursuivants, et elle se plaignait quelquefois à son mari de ce qu'elle n'avait pas autant de bonheur que Pénélope ; le sage Indien lui disait alors : — Charme de mes yeux, belle Héva, nous n'avons que vingt couverts à notre table et vingt chambres dans notre maison. Réglez-toi là-dessus.

En ce temps-là, parut sur le lac du Tinnevely un jeune savant que monsieur de Lacépède avait envoyé dans l'Inde pour chercher un Touraco blanc (*turracus albus*). Le muséum naturel de Paris, malgré ses richesses universelles, était incomplet, il lui manquait cet oiseau, dont Saavers avait porté le dessin à Londres. Monsieur de Lacépède n'en dormait pas.

Le voyageur envoyé à la découverte du Touraco blanc se nommait Gabriel de Nancy. Il avait des lettres de crédit pour tous les comptoirs de l'Inde, et des lettres de recommandation pour tous les savants. Les dernières lettres restèrent en portefeuille, mais les premières n'y firent pas long séjour. Il avait déjà dépensé soixante mille francs des deniers des contribuables, et le Touraco blanc n'était pas découvert. Ayant épuisé quelques presqu'îles, trois continens, deux côtes, et une foule d'archipels, Gabriel attaqua le Tinnevely. Monsieur de Lacépède attendait toujours l'oiseau, la paille à la main.

Le soleil, après avoir brûlé l'Inde, descendait sur l'Océan, lorsque Gabriel arriva devant la demeure de Mounoussamy. Héva était assise sous un manguier, et elle écoutait nonchalamment les deux propos de ses adorateurs, rangés en cercle autour d'elle. L'époux tournait les épaules à la société, et, par vieille habitude d'Indien, il comptait les grains du chapelet nommé *Poitah*.

Gabriel, quoique savant, avait un costume élégant, une figure spirituelle, et il montait fort bien à cheval. Deux nègres affranchis, et plus esclaves que jamais, prirent les chevaux de Gabriel et de son domestique ; Mounoussamy se leva, et dit au jeune Français : — Soyez le bienvenu dans mes domaines ! que mon lac vous soit doux !

Les adorateurs d'Héva firent un assez triste accueil à Gabriel. Héva salua le nouvel arrivant avec son éventail de plumes de bengalis.

Gabriel exposa l'objet de sa mission scientifique en peu de mots. Mounoussamy fit un geste qui désignait les bois et les montagnes du nord et du midi, comme s'il avait voulu lui dire qu'il mettait ses domaines à sa disposition.

On sonna le souper. Les vingt adorateurs se levèrent comme un seul homme pour offrir vingt bras à la belle épouse qui prit le bras de son mari, selon l'usage indien.

La salle à manger frappa Gabriel. Elle était tout à claire-voie, et décorée de colonnettes en bois de santal, style pagode. Aux quatre angles, quatre fontaines coulaient dans des bassins de granit d'Elora ; douze nègres, juchés sur des piédestaux d'ébénier, agitaient dans l'air de larges éventails de plumes de paons ; les sièges des convives étaient formés de bahuttes de nauclées ; des masses fraîches et veloutées de feuilles d'acanthe servaient d'escabeaux ; les noix de bétel fumaient dans une cassolette d'ambre gris, et aux deux bouts de la table jaillissaient, de la gueule de deux dragons de porcelaine japonaise, d'immenses panaches de fleurs et de rameaux d'arbres odorans, des aigrettes où s'entremêlaient tous les caprices de nuances et de parfums de la puissante nature indienne : le Spondias, surnommé la fleur de Cythère, le Wampi, originaire de la Chine ; le Lavantera du Cachemire, le Rima, le Falso ; le Marsana qui secoue ses fleurs rondes et jaunes, comme des grelots d'or.

Mais rien ne décorait cette salle de festin comme la jeune Héva, la maîtresse de la maison ; elle embaumait, elle éclairait, elle ravissait les convives ; on la regardait qu'elle, et elle ne regardait rien.

Sita, la déesse, épouse du *Dieu-Bleu*, assise nonchalamment sous un manguier ; Lackmé, la déesse du plaisir, née dans le jardin Mandana, ne sont pas plus belles qu'Héva dans le temple de Ten-Tauly, disait l'Indien Mirpour, négociant retiré des affaires et l'une des meilleures maisons de commerce de Madras ; et son voisin, monsieur Goulab, ex-banquier à Calcutta et natif du village de Kidula, lui disait : — Si j'étais le Dieu-Bleu, je m'incarnerais pour elle une dixième fois. Et les yeux noirs de Goulab lançaient des flammes d'une lueur sinistre.

Le jeune Français Gabriel disait à son voisin, sir Edward Klerbbs, de Londres : — Si je pouvais amener cette femme à Paris, seulement pour la faire figurer dans *Fernand Cortès*, je ferais la fortune de monsieur de Jouy.

Le mari d'Héva mangeait comme un tigre à jeun et buvait comme boit la plaine altérée de Tchoultry quand il pleut après une sécheresse de trois étés.

Les autres convives ne disaient rien, et ils avalaient des soupirs.

On servait des plats étranges à profusion ; les vins de Constance, de Laïla, de Kerana, coulaient à flots dans ces belles coupes que taille le Jemidar sur la roche de Theodmok. Les savants buvaient comme des ignoras.

Héva mangeait du bout des lèvres, à la pointe d'une aiguille d'or, des parcelles d'un jambon de Labiata, leurs superbes qui désole l'île de Panay. Elle semblait faire cette concession à l'humaine nature pour laisser douter encore de sa divinité. Il fallait voir avec quel geste de nonchalance dédaigneuse elle refusait une brochette de troupiales rouges ou une aile de péomerops, dont la queue a douze plumes ; par intervalles, elle aspirait quelques gouttes de cette boisson que les Indiens composent avec du poivre, du tamarin et du jus de wampi. Alors tous les yeux s'attachaient sur son bras, qui se repliait comme un cou de cygne, en agitant les grelots de pierreries d'un bracelet d'ambre jaune sur une coupe de lapis-lazzuli, et toutes les mains restaient immobiles, la fourchette levée sur les assiettes chinoises, de peur que les regards ne laissassent échapper une seule des grâces adorables qui éclataient en ce moment au bout de ses doigts, aux fossettes de ses joues et même dans les plis du crêpe nankin noué sur le corsage de son sari indien.

L'époux imperturbable affectait de ne pas regarder sa femme, et cette impudence de bonheur irritait les convives. Mounoussamy semblait leur dire : — Je vous permets de la dévorer des yeux à mon festin.

Le jeune Français Gabriel, lorsque la conversation devenait générale, disait à son voisin : — Dans quelle espèce classez-vous ce mari indien ?

— Il y a trois mois que je cherche son chapitre dans l'*Histoire naturelle* de Sonnerat, et je ne le trouve pas, répondait sir Edward Klerbbs.

— Croyez-vous qu'il aime sa femme ?

— Peut-être non ; peut-être comme tous les convives à la fois.

— Croyez-vous que sa femme l'aime ?

— Sa femme n'aime personne de la société, c'est positif ; mais puisqu'il faut qu'à son âge, et dans ce climat, elle aime quelqu'un ; nous sommes désespérés d'admettre que ce quelqu'un est son mari.

— C'est désolant ! disait Gabriel. Peut-on aimer un homme qui a le teint bronzé comme la porte d'une pagode, qui a une mâchoire de dents d'éléphant ; des lèvres de mandrille, des yeux de tigre noir, un col de rhinocéros ? Un homme qui s'est composé son corps en volant quelque chose à chacun des monstres de l'Asie ! Oh ! c'est impossible ! cette femme n'aime pas cet époux.

— Ah ! les femmes ! les femmes ! disait Klerbbs mélancoliquement.

— Allons donc ! y pensez-vous, monsieur Klerbbs ? Si cet Indien venait à Paris, dans le monde, avec madame, au bout de trois jours on lui ferait voir qu'un Indien est un sot.

— C'est possible ; mais il n'ira pas à Paris. Voulez-vous que je vous donne un bon conseil, mon voisin ?

— Donnez, monsieur Klerbbs.

— Vous pouvez vous sauver encore, il en est temps ; demain, à la pointe du jour, remontez à cheval et partez.

— Je ne partirai pas. J'attends une lettre de monsieur de

Lacépède que le Télinga de Madras doit m'apporter ici. Les intérêts de la science avant tout.

— Eh mon Dieu! mon Dieu! moi aussi, je suis venu explorer le Tinnevely dans les intérêts de la science. La Société royale de Londres m'entretient à grands frais pour découvrir un ouvrage inédit sur la religion des Malabars, dont parle le Carnatic. J'ai déjà dévoré deux mille livres, et je n'ai rien découvert. En ce moment, je suis censé me promener sur les rives du fleuve Triplicam, ayant sous les pieds du sable à cuire les œufs d'Autruche, et sur la tête du soleil à rôtir ma cervelle sous mon crâne! Et je mange au frais à cette table depuis trois mois!... Oh! je rougis de ma lâcheté! J'attends ici des lettres de Tranquebar. On attend toujours des lettres dans ce monde.

— Vraiment, monsieur Klerbbs, je n'ai jamais vu une femme plus séduisante; sa beauté attend une expression dans toutes les langues; elle a des cheveux d'un noir indien, qui ont des reflets adorables et un luxe tropical de végétation; elle a des yeux d'un velours limpide, qui rayonnent parfois comme deux flammes de Bengale sur l'ivoire rosé des joues; elle a surtout...

— Arrêtez-vous là, mon cher monsieur le nouveau venu; vous en savez déjà trop pour votre malheur. Suivez un conseil d'ami; partez.

— Oh! c'est impossible, monsieur Klerbbs; il faut que je côtoie le lac de Tinnevely...

— Vous ne côtoierez rien...

— Mais monsieur de Lacépède...

— Ah! monsieur de Lacépède est à trois mille lieues d'ici, et vous vous moquez de lui et de tous ses oiseaux empaillés.

— Monsieur Klerbbs... avez-vous, comme moi, surpris au passage le sourire qu'elle a lancé à son mari?

— Certainement...

— Ce sourire m'a fait frémir; je ne sais pourquoi.

— Ah!

— Quel sourire! J'ai cru voir le soleil se lever à Ceylan sur un banc de perles et de corail!... Est-ce qu'elle aimerait ce mari, monsieur Klerbbs?

— Vous vous ferez à vous-même cette question vingt fois le jour, et vous ne vous répondrez jamais.

— Oh! mon Dieu!... à Paris... un mari de cette allure!... Oh!...

— Mon cher monsieur Gabriel, si tous les maris étaient de la trempe de cet Indien, il n'y aurait pas tant de malheurs en vaudevilles... Il se fait respecter d'une lieue à la ronde, celui-là... Je vais vous citer de ses derniers traits. L'autre jour, au bord du lac, il tua d'un coup de pistolet, à cinquante pas, un Indri de la grosseur d'un écureuil; l'animal resta sur la branche du caquier, où il mangeait des fruits rouges dont il est friand. — Vous ne l'avez pas tué, lui dit son ex-associé Goulab en ricanant. Mounoussamy fit un de ses sourires à la *Boudha-Çoura*, un sourire du *mauvais esprit* des nuits (excusez mon érudition); puis d'un bond il s'élança comme un tigre du Bengale sur l'arbre, pour saisir l'Indri mort et le montrer à Goulab; mais, au moment où sa main s'allongeait à l'extrémité du rameau flottant, l'animal tomba dans le lac, Mounoussamy se suspendit à la branche d'une main, de l'autre il ramassa l'Indri sur le lac, et se repliant sur lui-même comme un serpent, il remonta sur l'arbre sans avoir mouillé un pli de son pantalon blanc. Un clown, à notre théâtre d'Athsley, gagnerait cent livres par soir pour exécuter ce tour. — Voici l'autre fait. Hier, le père de ce troupeau d'éléphants, que vous avez vu sur les bords du lac, donna de grandes inquiétudes à toute notre société : ce monstre fut atteint tout à coup d'un violent paroxysme, et il s'avança vers nous la trompe levée et les oreilles tendues; il mugissait comme un volcan avant l'éruption. La belle Héva poussa un cri de terreur. Mounoussamy coupa tranquillement une forte tige d'aloès, comme vous couperiez un chalumeau de riz, et, se précipitant sur l'éléphant, il le força de prendre un bain dans le lac, comme s'il eût été un caniche. Allez maintenant plaisanter avec les maris de ce genre-là, quand même vous seriez éléphant. L'Indien Goulab, qui est fou d'Héva, et qui connaît Mounoussamy mieux que personne, tremble comme la feuille du cassier à l'idée de réussir dans ses amours. L'autre soir, un de ces convives me disait en pâlissant : — Je suis un homme perdu! je crois qu'Héva m'a souri.

— Quel diable de conte bleu me faites-vous là! dit Gabriel, et quel jeu étrange jouez-vous donc tous ici? Vous êtes vingt à vous cotiser pour faire la cour à une femme, et pour trembler devant son mari! C'est de l'Indien tout pur; je n'y comprends rien.

— Ah! monsieur Gabriel, si vous croyez trouver dans le Tinnevely les mœurs et les usages de la vie parisienne, vous êtes dans une grave erreur. Vous avez changé de planète. Les Parisiens sont singuliers : ils voudraient retrouver partout le boulevard de Gand, les salons de la Chaussée-d'Antin et les maris de Molière! Eh! mon Dieu, si l'*east* ou l'*west India* s'habillait et parlait à l'instar de Paris, autant vaudrait rester chez soi, au coin de son feu; ce serait une grande économie de bœuf salé, de tempêtes, de naufrages et de maux de cœur.

En ce moment, la conversation, excitée par les boissons du Tropique, devint générale, et l'Indien même parla.

— Écoutez ce qu'on dit autour de vous, monsieur Gabriel, dit Klerbbs, et vous verrez que vous n'êtes pas dans un hôtel de la rue de Provence, ou dans un castel normand.

En effet, la conversation était sortie complètement des habitudes nauséabondes de cette vie absurde et constitutionnelle qu'on mène à Londres et à Paris. Il semblait que chacun racontait un rêve, une histoire qu'il s'attribuait, et qui ne pouvait appartenir qu'aux personnages des tapisseries chinoises, ou des bas-reliefs des temples souterrains d'Elora. Quoique les convives parlassent tous anglais, du milieu de cette langue sourde et anguleuse, à cause de ses doubles V, s'élevaient à chaque instant les syllabes des belles appellations indiennes, harmonieuses comme les désinences du grec et du latin. Quelquefois le bruit des paroles s'éteignait subitement, car toutes les oreilles s'ouvraient pour recueillir la mélodie qui s'échappait des lèvres de la reine du festin. Héva contait un épisode de son enfance aventureuse: tantôt c'était un combat de buffles ou de tigres que son protecteur Palmer lui avait ménagé à grands frais, pour l'amuser un instant; tantôt elle parlait de la merveilleuse fête de son mariage, lorsque Palmer changea une montagne en volcan d'artifice, versa toute une indigoterie sur une forêt d'érables et d'ébéniers élevés en bûcher jusqu'aux nues, et l'incendia pour parfumer l'air à trente milles à la ronde, et faire luire, dans la nuit, un jour bleu sur le lac Tinnevely. Elle disait aussi le galant caprice de l'Indien, son mari, qui, après avoir semé de l'or pour enlever à la côte de Coromandel tous ses pigeons blancs et verts, les plus beaux pigeons du monde, leur fit attacher aux pattes des clochettes d'argent, selon l'usage indien, et les fit échapper, comme un nuage harmonieux, par le kiosque de sa chambre nuptiale. Les nouveaux venus à ce festin, à quelque nation qu'ils appartinssent, comprenaient que l'Asie seule avait été de tout temps le pays de la fière opulence, depuis Darius jusqu'à Palmer, et que partout ailleurs la richesse même du millionnaire est étriquée et liardeuse; qu'elle s'emprisonne dans les sépulcres numérotés de ses villes; qu'elle peint à la détrempe de la pluie ses fêtes de campagne, fêtes sablées, peignées, tirées au cordeau pour la compagnie de l'ennui; que Northumberland à Londres, et Rothschild à Paris, croient être arrivés à l'apogée du faste lorsqu'ils ont lancé une meute de trois cents chiens aboyeurs à la piste d'un renard, ou qu'ils ont écroué dans une bicoque de la Chaussée-d'Antin, pleine de sueurs au dedans, transie pluie ou de neige au dehors, mille pauvres invités qui entendent un duo bouffe, en s'écrasant mutuellement les orteils dans des souliers de satin. L'opulence n'a jamais été comprise que dans ces régions splendides où le riche sait faire avec le soleil un magnifique échange de rayons et d'or.

Lorsque le dessert pyramidal, cueilli dans les vergers de l'Inde, vint embaumer la nappe, Mounoussamy se permit un sourire, et dit :

— Demain matin vous serez prêts à l'aube, mylords, mes convives, tous à cheval; et je vous recommande de choisir de bons chevaux.

— Mille remercîmens, nabab Mounoussamy ! vous êtes grand comme Aureng-Zeb, premier roi Marate! s'écria l'Indien Goulab, qui ressemblait à un éléphant déguisé en homme et mugissant l'amour.

— De quoi le remercie-t-il, ce monsieur? demanda Gabriel à Klerbbs.

— Mounoussamy a tenu sa parole, répondit Klerbbs ; il nous avait promis depuis deux mois une chasse pour demain, et nous l'aurons.

— Une chasse ! à quoi chassez-vous ?

— Au tigre. Nous ne connaissons pas d'autre gibier ici.

— Monsieur Gabriel, dit Mounoussamy d'un bout de la table à l'autre, et d'une voix qui vibrait comme un tamtam, monsieur Gabriel, êtes-vous sûr de votre cheval ?

— Oui, seigneur Mounoussamy.

— A-t-il vu le tigre, votre cheval ?

— Oui, répondit Gabriel à tout hasard ; et il, ajouta tout bas : — Mon cheval n'est pas plus fort sur les tigres que moi.

L'Indien fit un signe de tête, et haussant la voix, il ajouta :

— Mes amis, à la dernière étoile qui se couche sur le mont de Goala (des Bergers), nous partirons. Mes écuries seront ouvertes toute la nuit; ceux qui ne se fient pas à leurs chevaux choisiront parmi les miens. Maintenant, à votre liberté, mes amis.

Il se leva, et tous les convives se levèrent. Héva, debout, et nonchalemment appuyée au bras de son mari, distribua une vingtaine de sourires à toute la société ; chacun savoura le sien ; il n'y eut pas de jaloux.

Klerbbs et Gabriel sortirent les derniers de la salle du festin. Gabriel suivait langoureusement des yeux la séduisante étrangère, qui passait sous les arches de nefliers du Japon, et lutinait avec leurs belles fleurs flottantes sur son visage et ses épaules. Son mari lui lançait des regards de lion amoureux, des regards qui faisaient trembler les hommes. Les deux Indiens, Goulab et Mirpour, escortant de près les deux époux, essayaient de continuer la conversation du repas ; mais le maître, sans se retourner, ne leur jetait, par-dessus sa tête que des monosyllabes secs et désespérans. Les autres convives se dispersaient par groupes, selon leurs habitudes et leurs amitiés.

— Vous êtes un homme perdu, dit Klerbbs à Gabriel ; ils ont tous commencé comme vous, et Circé les a changés tous en pourceaux ; il est temps encore de vous sauver, lorsqu'il vous reste un peu de forme humaine. Sauvez-vous ! Demain, quand vous regarderez, comme Narcisse, au miroir du lac, vous serez tenté de manger des glands et de prendre vos pour mains pour deux pieds.

L'arrivée du Télinga, ou facteur de la poste de Madras, suspendit le conseil amical de Klerbbs. Le messager indien laissa tomber le bâton aux plaques de fer flottantes qui éloignent le terrible serpent Cobra-Cappell, et distribua ses lettres, enfermées dans une boîte de ferblanc. Il y en avait une pour Gabriel ; monsieur de Lacépède lui envoyait le rapport qu'il avait lu à l'Académie des sciences, et qui se terminait ainsi :

— .... Tout nous fait espérer que les efforts de notre jeune et savant voyageur Gabriel de Nancy seront couronnés de succès ; nous aurons bientôt un TURRACUS-ALBUS à montrer à la jalouse Albion ; et la plus belle collection ornithologique, dont l'Europe s'honore, ne sera plus déparée par une lacune, indigne du muséum français.

— C'est bon ! c'est bon ! dit Gabriel, qui s'était mis à l'écart pour lire sa lettre.

Il chercha Klerbbs, mais il avait disparu. Resté seul, il s'appuya contre un pilier du chattiram, et se soumit à un examen. Ce qu'il aperçut au fond de son âme le fit trembler ; c'était un amour chauffé à quarante degrés Réaumur.

— Au bout de quelques heures, j'en suis donc là ! s'écriait-il mentalement ; mais comment finissent les amours qui débutent ainsi ?

Et il froissa la lettre de monsieur de Lacépède dans ses mains.

Autour de lui les hommes avaient fait silence ; mais la nature était pleine du fracas solennel des nuits de l'Inde : sous le ciel étoilé du Tinnevely, tout prend des dimensions colossales ; dans nos campagnes d'Europe, il y a des chants de grillons sous les herbes, et des croassemens sous les roseaux des marais ; mais dans ce coin de l'Inde, les nuits retentissent du rugissement des tigres qui se disputent l'abreuvoir ; ce sont les grenouilles du lac de Tinnevely.

— Oui, se dit Gabriel, cette nature doit donner un amour puissant comme elle ; un amour qui éclate et grandit dans une nuit comme la tige de l'aloës !... Je chasserai le tigre demain... et la tigresse au retour.

En rentrant dans la maison, il remarqua les deux Indiens Goulab et Mirpour qui se parlaient mystérieusement.

II.

LA CHASSE AUX TIGRES.

A l'heure où les bengalis s'éveillent et chantent sur la haute feuille des *Tennamaram*, douze Péons à cheval et la carabine en bandoulière étaient déjà échelonnés sur la route déserte qui mène à la montagne de Goala. Les chasseurs européens arrivèrent ensuite, tous armés comme des forteresses, et vêtus de blanc ; puis les deux Indiens Goulab et Mirpour ; le dernier venu fut Mounoussamy.

A la clarté des candélabres qui brûlaient sur la terrasse de l'habitation, Gabriel ne reconnut qu'à peine l'heureux époux d'Héva, tant il était changé à son avantage. Mounoussamy avait pris le costume de *Kouvéra*, le dieu des richesses ; il était nu jusqu'à la ceinture, et son pantalon de cachemire rouge semé de fleurs tombait en se rétrécissant sur la cheville que pressait un anneau d'or : il montait aussi, comme *Kouvéra*, un cheval blanc d'ivoire, dont l'extrémité de la queue avait une teinte écarlate, et qui agitait trois colliers de perles à son poitrail. L'Indien et le cheval semblaient ne composer qu'un seul être, lorsqu'ils passèrent devant la troupe des chasseurs. Le cavalier emportait son cheval à la pointe de ses genoux, et laissant flotter la bride rouge comme un ornement inutile, il agitait d'une main sa carabine, et de l'autre il jetait des pièces d'or aux mendians, nommés *Vingadassan*, qui apaisent par leurs prières les *shaktis*, divinités terribles, redoutées des chasseurs indiens.

Le chef des Péons distribua aux siens une provision de feuilles de bétel, mêlées avec la noix d'arec, et saupoudrées avec de la chaux de coquillages. Les Péons mâchent cette drogue comme nos marins le tabac. Un porteur d'eau du Gange passa en criant : *Gangai-Tirtam* !

Les chasseurs indiens, restés fidèles au culte de *Siva*, et dont le front était marqué de la poudre blanche, trempèrent leurs cheveux et leurs doigts dans l'eau apportée du fleuve saint, et regardèrent de travers leur maître apostat, qui ne touchait pas l'eau du Gange. Mounoussamy ne remarqua pas cet incident.

Enfin, le fauconnier donna le signal du départ au son du *Kidoudi*, espèce de tambour qu'on bat avec une seule baguette, et comme un vol d'hippogriffes, les chasseurs s'élancèrent du lac vers les montagnes du nord.

Quand l'aurore versa dans le ciel ses teintes safranées, la caravane modéra l'ardeur de sa course, et les chevaux allèrent le pas. Un silence profond régnait dans ces solitudes, où rien n'annonçait le passage de l'homme ; le velours épais des hauts gazons amortissait même le bruit des pieds des chevaux. C'était en ce moment un spectacle magnifique. Quarante cavaliers, muets comme des statues équestres, traversaient une prairie vierge, tout émaillée de fleurs agrestes que la Flore indienne ne mentionne pas. En tête se pavanait gracieusement le mari d'Héva, qui ressemblait à Wichnou visitant ses pagodes ; les douze Péons l'escortaient, tous coiffés du turban rouge, la lèvre chargée d'une moustache noire, la carabine au dos, la peau de tigre flottante sur le cheval. Les voyageurs et les savans européens fermaient la marche, chevauchant deux à deux, et jetant, par intervalles, quelques regards en arrière, pour découvrir le lointain et bienheureux horizon où dormait, sous un dôme de palmiers, la belle et blanche reine du Tinnevely.

En sa qualité de Français et de savant, Gabriel ne s'accommoda pas longtemps de ce silence forcé qui était une des rigueurs de cette terrible chasse; il se rapprocha, jambe contre jambe, de son ami de la veille, le philosophe Klerbbs, et engagea une conversation à la sourdine avec lui.

— Ma parole d'honneur! dit-il, il faut être fou comme ce mari de pagode, pour quitter sa femme et courir après un tigre fabuleux!... Quant à moi, je ne crois pas aux tigres, à moins qu'ils ne soient dans des cages ou empaillés. Ce que je vois de plus clair dans cette chasse, c'est un soleil qui se lève là-bas sur un rocher noir, et qui va nous brûler la cervelle avant midi. Mon cher monsieur Klerbbs, je suis tenté de battre en retraite; voulez-vous retourner avec moi à l'habitation du Lac?

— Y pensez-vous, mon cher monsieur; vous oseriez donner votre démission de soldat en face de l'ennemi! Un Français! Oh! que dirait le *Madras-Review?*

— Mais quand l'ennemi n'existe pas, il y a pas de déshonneur à se retirer devant lui.

— Cela est vrai, mon cher monsieur Gabriel; mais ici l'ennemi existe, croyez-le bien. Regardez les Péons qui flairent le vent; regardez Mounoussamy qui tient sa carabine en arrêt. Nous sommes dans les tigres jusqu'au cou; cette prairie est émaillée de tigres, je le crains.

— Je vous crois, sir Klerbbs; mais je comptais si peu sur le gibier que je n'ai pas chargé ma carabine et mes pistolets d'arçon. Avez-vous de la poudre et des balles?

— Voici ma provision; prenez... et ne mettez pas une charge de Touraco.

— Oh! voyez, sir Edward, une charge affreuse! je crains plus pour ma joue que pour le tigre... Hélas! je suis obligé de bourrer mes armes avec une moitié de lettre de monsieur de Lacépède! Si le *Journal des Savans* savait cela!

— C'est bien; vous voilà prêt, monsieur Gabriel; le tigre peut venir.

— Mais encore une fois, sir Edward, concevez-vous cette rage de monsieur Mounoussamy?

— Certainement, je la conçois; cet Indien est un fin drôle qui a un projet et qui ne serait pas fâché de donner en pâture aux tigres une brochette de quelques amoureux de sa femme: il travaille à cela en ce moment. Mais je connais des gens qui sont encore plus fins que lui...

— Vraiment, sir Edward?

— Chut? parlons beaucoup plus bas, monsieur Gabriel. Il y a des mystères qui chevauchent avec nous... vous êtes le dernier venu, et vous ne savez rien... je suis des anciens, moi!

— Il y a des mystères, sir Edward?

— Eh! cela vous étonne! il y en a partout des mystères. Dans nos pays froids, où le soleil ne brille que par son absence, il y a de petits mystères de boudoir et de coin du feu qui sont clairs comme le jour et qui se ressemblent tous. Dans ces régions splendides et ardentes, il y a des mystères ténébreux qu'une passion invente et qui ne se ressemblent pas... Vous ouvrez de grands yeux, monsieur Gabriel. Quand vous les ouvririez davantage, vous ne verriez rien.

— Sir Edward, vous piquez singulièrement ma curiosité avec vos énigmes...

— Oh! vous en trouverez bientôt le mot vous même, et vous m'épargnerez une indiscrétion.

— Il faut vous dire, sir Edward, que je n'ai jamais deviné une énigme de ma vie.

— Vous commencerez aujourd'hui.

— Un peu de complaisance, sir Edward Klerbbs, mettez-moi sur la voie...

— Vous y êtes, mon cher compagnon; vous y êtes à cheval... Dites-moi, que voyez-vous autour de vous?

— Un désert et des cavaliers.

— C'est tout?

— Oui, il me semble, sir Edward Klerbbs... c'est tout.

— Vous ne voyez pas qu'il y a des passions ardentes, inexorables, qui rugissent autour d'un homme! Vous ne voyez pas que les plus tigres ne sont pas ceux que nous cherchons?

— Je ne vois pas cela.

— Ah! mon Français volage et léger, vous avez étudié le cœur de l'homme dans Molière et Labruyère, n'est-ce pas?

— Quelle diable de question me faites-vous là, sir Edward?

— Oui, mon cher compagnon; nous avons, vous à Paris, et nous à Londres, deux ou trois observateurs à lunettes qui ont étudié le cœur de l'homme dans le département de la Seine et dans le comté de Middlesex, et qui ne se sont jamais doutés que le monde était habité, au-delà de Montmartre et d'Hamstead, par des millions de cœurs humains qui ne ressemblaient à ceux qu'ils avaient étudiés dans le *Misanthrope* ou le *Scandals-School!* Le sot qui a dit: — *Tutto mondo e fatto come nostra famiglia*, était un Italien paralytique de Florence, qui n'a jamais quitté son troisième étage de la place du Marché-Neuf.

— A la bonne heure! sir Edward Klerbbs; mais où voulez-vous donc arriver avec vos éternelles préfaces?

— Je veux arriver à plusieurs choses, mon cher monsieur; avant tout, je veux vous prouver que, dans cet ouragan d'amour qui mugit autour d'Héva, je suis le seul qui garde son sang-froid et son cœur libre... Hier je vous ai trompé... je ne suis pas amoureux.

— Vous n'êtes pas amoureux!...

— Je ne le suis jamais; c'est mon principe. J'ai quitté Londres, parce que Adisson m'ennuyait avec son livre d'observations qui n'observe rien. J'ai voulu étudier le cœur humain dans l'Asie indienne, monde à part, où les fleurs sont des arbres, où les canaux sont des fleuves, où les fleuves sont des mers, les fontaines des cataractes, les chiens des lions, les chats des tigres, les chevaux des éléphans. Le hasard m'a poussé dans l'habitation de ce nabab, et j'y vois représenter depuis trois mois une comédie auprès de laquelle le *Misanthrope* est l'alphabet de l'intrigue et de l'observation: Chez nous, avec nos visages blancs, rasés et grêles, nous trahissons à chaque instant nos petites luttes intérieures; mais ici, avec leurs faces d'airain, les hommes se dérobent à l'exploration de l'œil le plus intelligent; il n'y a jamais un pli sur leur chair de métal. Je suis obligé d'être sorcier pour deviner une seule parole de mon voisin. Aussi quel triomphe lorsque je surprends une pensée sous ces épidermes de bronze! Je me voterais volontiers une statue et des autels.

Gabriel fit un signe d'impatience très significatif, et Klerbbs, s'apercevant que ses longs préambules fatiguaient son interlocuteur, parla plus clairement.

— Je vois, poursuivit-il, je vois, mon cher compagnon, que vous êtes un de ces hommes qui ne doivent rien. Le temps presse, il faut vous faire toucher les choses au doigt. Dans un instant, peut-être, je puis avoir besoin de votre courage et de votre bras.

— Ceci est clair, sir Edward Klerbbs; comptez sur moi.

— Oh! le danger n'est pas pour ma tête; il ne menace que l'Indien, notre amphitryon.

Gabriel arma sa carabine et ses pistolets, et se raffermit sur ses étriers.

— Mon très cher compagnon, poursuivit Klerbbs mystérieusement, Mounoussamy joue depuis trois mois une partie d'échecs avec Goulab et Mirpour; c'est aujourd'hui qu'il doit être *mat*. De part et d'autre, les *pièces* sont habilement poussées, je suis leur jeu et je juge les coups...

— Ils veulent assassiner le mari d'Héva?

— Vous n'y êtes pas. Ils ne veulent point l'assassiner; ils sont trop religieux, trop lâches, trop fins, pour verser du sang à la mode des Européens, qui se font empoigner sottement par des procureurs du roi... Ils ont livré Mounoussamy aux tigres, et les tigres ne craignent ni les cours d'assises, ni l'échafaud.

— Et les vingt Péons qui lui servent de gardes du corps? et nous?..

— Nous!... nous ferons ce que nous pourrons... Quant aux vingt Péons, ils ne feront rien; ils sont vendus à Goulab. Ils appartiennent comme lui à la secte intolérante de Siva, et ils ne pardonnent pas son apostasie à Mounoussamy.

— Et Mounoussamy connaît-il tous ces horribles projets?

— Le rusé coquin les soupçonne, mais il veut les voir s'accomplir à ses risques et périls. D'ailleurs, il compte sur son courage, sur sa force, sur son cheval. Vingt fois j'ai ouvert la bouche pour lui faire part de mes observations, mais il me l'aurait fermée avec ses mains de bronze; je connais mon Indien. Maintenant, assez causé. L'œil aux tigres, qu'ils aient quatre pattes ou deux pieds !

Le paysage qui s'étalait en ce moment devant la caravane était plein de grâce et de fraîcheur. Il était impossible qu'une pensée de mort et de sang osât s'élever au milieu de cette nature virginale et tranquille, qui semblait ne se revêtir de tous ses attraits que pour les oiseaux et le soleil. La petite rivière de Lutchmi, ornée de deux épaisses franges de gazon, s'échappait des profondeurs d'un vallon mystérieux, et descendait avec un bruit charmant vers un horizon de collines, où elle se perd dans l'abîme nommé *le Gouroul*. C'est une des merveilles de l'Inde. La rivière Lutchmi arrive par une pente insensible à la gueule énorme du Gouroul; elle se détache en nappe verticale d'azur et tombe dans un gouffre d'une profondeur inconnue. Aucun bruit n'accompagne cette immense chute d'eau qui éteint son fracas dans les entrailles de la terre, et ne fait pas remonter aux oreilles humaines. Seulement, une trombe de fumée s'élève de l'abîme, et semble plutôt appartenir à un soupirail des feux infernaux qu'à l'écume d'une cataracte brisée dans de ténébreuses horreurs. C'est avec une sorte d'épouvante qu'on découvre cette prodigieuse masse d'eau, qui s'écoule en silence et ne réveille aucun écho, ni dans sa tombe ni sur les flancs escarpés du mont Goala. A l'autre bord du gouffre, la terre n'étant par tourmentée par le tranchant de la cataracte, se hérisse d'un incroyable luxe de végétation; elle jette horizontalement des arbres sauvages qui semblent vouloir faire par imitation une cascade de verdure, et combler leur moitié d'abîme avec des masses flottantes de rameaux échevelés.

Le signal de halte fut donné sur les bords de la rivière de Lutchmi. La caravane avait fait environ dix lieues. Les Péons préparèrent le repas et mirent le couvert sur le gazon. Mounoussamy détacha trois éclaireurs habitués à flairer le tigre, comme les chiens le cerf, et quand une faim assouvie, on plaça des sentinelles, comme en pays ennemi, et chaque chasseur, s'abritant dans une fraîche alcôve de verdure, usa de la permission qui lui était donnée de se reposer ou de dormir en attendant le cri indien du réveil.

Le soleil avait fait un peu moins des deux tiers de sa course, lorsque les chasseurs remontèrent à cheval. C'était l'heure que les Indiens jugent la plus favorable pour la chasse au tigre. Les éclaireurs venaient d'arriver, et Mounoussamy, après avoir écouté leur rapport, établit son plan d'attaque. Il donna ordre à dix Péons d'envahir, par un long détour, les gorges de Ravana, toutes peuplées de tigres, et de pousser le formidable gibier dans le vallon opposé de Lutchmi, où les autres chasseurs devaient s'embusquer derrière un épais rideau de cocotiers.

Les Péons lièrent leurs chevaux à des arbres, et, après avoir frotté avec les fleurs de tulipier leurs pieds nus, durs comme du bronze et souples comme des griffes d'aigle, ils s'élancèrent dans la plaine aux corniches saillantes des gorges de Ravana. De ces hauteurs inaccessibles, les yeux du Péon plongeaient sur les épais buissons de lianes et de houx qui recélaient la famille des monstres du Bengale; et quand une tête énorme de tigre effarouché s'allongeait avec des contractions de rage par-dessus les feuilles, et flairait l'air, on passait quelque ennemi, aussitôt d'énormes blocs de rocher pleuvaient en mille éclats sur l'alcôve révélée, et la famille bondissait à découvert, en poussant un rugissement d'alarme qui pénétrait les plus secrètes tanières des gorges de Ravana.

Les tigres, comme tous les animaux d'un naturel intraitable, vivent seuls et ne fraient jamais avec leurs voisins. Les mâles se font une guerre acharnée à l'époque de leurs amours, mais, dès qu'ils sont établis convenablement, ils s'accordent une trève, et se contentent de se saluer de loin par une effroyable contraction de narines, lorsqu'ils vont à la curée ou à l'abreuvoir. L'instinct de la conservation et de la propriété les obligeant à veiller sur les domaines que la nature leur donna, et qu'ils doivent transmettre intacts à leurs enfants, ils suspendent soudainement leurs inimitiés pour repousser l'ennemi commun, lorsque l'homme les menace d'une expropriation. Alors ils forment une alliance momentanée, qui finit avec le danger. Telles sont les mœurs des tigres du Bengale, les plus beaux animaux de la création, n'en déplaise à l'homme orgueilleux, habillé par Humann.

Klerbbs et Gabriel, embusqués, comme les autres chasseurs, à l'entrée du vallon de Lutchmi, sentirent frissonner leurs chevaux, comme si un accès de froid polaire les eût saisis brusquement:

— Voilà les tigres ! s'écria Mounoussamy.

Une pâleur mortelle couvrit une douzaine de visages européens. Gabriel et Klerbbs soutinrent dignement l'honneur de leurs nations : ils caressèrent leurs chevaux, dont les oreilles s'allongeaient démesurément, et qui soufflaient un ouragan par les narines ; ils examinèrent l'amorce de leurs carabines, et coururent se placer à côté de Mounoussamy. L'Indien leur tendit la main, et les félicita par un geste sur leur bonne contenance.

— Je ne reconnais pas mes chevaux de chasse, dit Mounoussamy; ils tremblent comme des gazelles.

Goulab et Mirpour gardèrent un visage impassible, et ne parurent pas remarquer le regard accusateur que leur lançait l'Indien.

— Est-ce vous, Goulab, qui avez choisi les chevaux ? dit Mounoussamy.

Goulab fit un signe négatif.

— Est-ce vous, Mirpour ?

Même signe négatif. Klerbbs lança un coup d'œil rapide à Gabriel.

Les yeux noirs de Mounoussamy rayonnèrent comme deux tisons qui s'enflamment; il ne soupçonnait plus la trahison, il la tenait évidente dans ses mains. Malheureusement il fallait songer à se défendre contre des ennemis bien plus terribles que les deux Indiens.

Un tigre énorme, vomi des gorges de Ravana, traversait la plaine, qui ne lui offrait aucun abri, et se dirigeait vers la vallée de Lutchmi. Il traçait dans l'air, à chaque bond, une ellipse immense, à l'œil fasciné du chasseur, qui embrassait à la fois vingt de ces bonds, tant ils étaient rapides, croyait voir un pont de tigres à vingt arches se former et disparaître à l'instant. Le monstre s'arrêta tout-à-coup à cent pas du rideau de verdure qui cachait les ennemis, et poussa un miaulement sourd, semblable au son prolongé de l'orgue qui s'éteint dans les tons graves. Sa peau, d'un fauve doré, rayonnait au soleil comme un manteau de brocard vénitien veiné de bandes d'ébène; ses quatre pattes, tendues en raccourci, se balançaient sur leurs jointures ; sa queue horizontale ondulait comme un serpent, et la rude peau de son mufle, retirée vers les yeux par une contraction furieuse, laissait à découvert ses dents d'ivoire, aiguisées comme des poignards.

Les hennissements que poussaient les chevaux ressemblaient à des plaintes articulées sortant de poitrines humaines; leurs crinières s'agitaient comme des tresses de couleuvres vivantes; les cavaliers luttaient avec eux pour les retenir immobiles sur le même terrain; mais du côté des hommes la force s'épuisait, et du côté des animaux la terreur, arrivée au comble, n'écoutait plus l'ordre muet de la bride et de la main.

La carabine de Mounoussamy s'abattit et fit feu. Le tigre poussa un cri rauque ; il se dressa sur ses pattes de derrière, et avec ses pattes de devant il saisit son mufle et le secoua vivement comme pour en arracher la balle qui venait de l'atteindre. Puis il s'étendit à plat ventre et rampa comme un boa en frottant avec rage son mufle contre la poussière, et, se relevant encore de toute sa hauteur, il se lança par bonds désespérés vers les roseaux de la rivière de Lutchmi.

— Blessé ! blessé ! s'écria Mounoussamy ; et il précipita son cheval dans la direction du tigre, ses pistolets à la main. Au même instant, deux autres tigres tombaient au vol des gorges de Ravana.

Les cavaliers européens ne purent maîtriser davantage leurs chevaux ; ils furent emportés sur la route de Tinnevely avec toute la furie d'élan que le délire et l'effroi donnaient aux pieds de ces animaux. Klerbbs et Gabriel sautèrent courageusement à terre pour ne pas abandonner Mounoussamy. Goulab et Mirpour suivirent au galop les Européens, et tous ces déserteurs disparurent en un clin d'œil dans les bocages de l'horizon méridional.

Gabriel et Klerbbs passèrent la rivière de Lutchmi, nageant d'une main, et tenant de l'autre au-dessus du niveau de l'eau leurs carabines et leurs pistolets. Ils mettaient ainsi la petite rivière entre eux et les tigres, et pouvaient secourir avec leurs armes l'Indien isolé sur l'autre rive, et engagé avec ses formidables ennemis.

Emporté par son ardeur, Mounoussamy courait toujours sur le tigre blessé, et il l'atteignit à peu de distance du Gouroul; le monstre reçut là le coup de grâce; il expira en déchirant le gazon avec ses dents.

Mounoussamy se retourna et se vit seul.

Gabriel et Klerbbs, privés du secours indispensable que donne le cheval dans cette terrible chasse, n'avaient pris conseil que de leur courage en se faisant piétons pour venir en aide à l'intrépide nabab; mais, en suivant la rive gauche du Lutchmi, ils rencontrèrent dans les accidens d'un terrain marécageux et entrecoupé de ravins des obstacles insurmontables : en cet endroit, la rivière était profondément encaissée et si rapide, qu'ils ne pouvaient la traverser sans s'exposer à une mort certaine; d'ailleurs, quels secours auraient-ils pu donner en se replaçant sur l'autre rive, lorsque de nouveaux et de plus terribles rugissemens, multipliés par les échos, leur annonçaient que les gorges de Ravana semblaient vomir toute la population féline du Bengale? Nos deux voyageurs, excités par une curiosité poignante, grimpèrent sur un arbre qui dominait ces solitudes, et Klerbbs, arrivé le premier au dernier échelon de l'observatoire végétal, dit à Gabriel, en lui montrant un horrible troupeau de monstres fauves veinés de noir:

— Eh! mon ami, croyez-vous aux tigres, maintenant?

— Ils passeront la rivière, dit Gabriel en plaçant sa carabine et ses pistolets en affût dans les branches de l'arbre.

— Je les en défie. Là, devant nous, la rivière paraît calme; c'est un torrent... Mais l'Indien! l'Indien! où est-il?

— Sir Edward, regardez là-bas... au midi... ce sont les Péons qui ont repris leurs chevaux cachés dans le bois, et qui nous abandonnent aussi comme les autres.

— Eh! mon Dieu! je l'avais prévu. Ils ont déchaîné les tigres contre Mounoussamy, et maintenant leur métier est fait... Les lâches!

Un cri de désespoir, un cri surhumain et corrosif comme un tam-tam, un cri impossible à noter, qui semblait sortir de la poitrine d'un colosse de bronze animé dans un rêve, remplit ces solitudes et leur donna soudainement un caractère inexprimable de désolation. L'Indien poussé ce cri: il venait de voir se consommer la trahison dans la fuite des Péons ses domestiques; il se trouvait seul avec trois coups de feu dans sa main, devant une meute de tigres qui tombaient des montagnes en bondissant, comme un torrent animé dont chaque vague aurait eu des yeux de flamme, des dents d'acier et une tempête de rugissemens. Klerbbs et Gabriel découvrirent alors le malheureux Indien qui sortait d'un massif d'arbres et poussait vigoureusement son cheval vers des rochers sombres qui fermaient l'horizon comme un rempart.

— Oh! s'écria Gabriel, il faut le secourir à tout prix!

Et il allait s'élancer au pied de l'arbre; Klerbbs le retint d'un bras vigoureux.

— Mon ami, lui dit-il, voici la nuit; il nous faut une heure pour atteindre Mounoussamy, en passant sur les corps de vingt tigres. Voulez-vous tenter le coup? Dites oui, et je tombe de l'arbre avant vous.

Gabriel prit ses cheveux noirs à deux mains et ne parla plus.

La nuit, qui descend toujours si vite dans ces régions équinoxiales, arrivait avec ses horreurs. A la deuxième teinte du crépuscule, nos deux voyageurs assistèrent aux efforts suprêmes de l'Indien. La meute des tigres le suivait au vol; et lui, arrivé au rempart de rochers, se dressa debout sur son cheval, comme pour l'escalader à l'aide de ses ongles de fer.

Retombé sur sa selle, il lança de nouveau son cheval sur le chemin escarpé qu'il avait parcouru, et profitant d'un moment d'effroi que deux coups de pistolet tirés sur les tigres venaient de leur donner, il les sillonna comme un vent et atteignit sans blessure les rives du fleuve; aussi lestes que son cheval, les plus agiles tombèrent en même temps sur les roseaux du Lutchmi; l'Indien désarmé sentit bientôt leur souffle ardent à ses pieds nus; debout comme un écuyer du Cirque sur le dos de son cheval, il lutta quelque temps encore, en meurtrissant avec le bois de fer de sa carabine les muffles béans allongés vers lui. Le cheval, ensanglanté bientôt et déchiré sur sa croupe par des dents furieuses, emporta son maître du côté de l'abîme du Gouroul. Les tigres se réunirent tous pour livrer un dernier assaut. Le cheval chancela sur ses jarrets brisés; l'Indien vit douze gueules enflammées s'entr'ouvrir, et du haut de sa selle qui s'écroulait sous lui, il s'élança dans le Gouroul, au milieu des ténèbres de la nuit et de l'abîme.

III.

APRÈS LA CHASSE.

Gabriel et Klerbbs avaient seulement entrevu, à la lueur des premières étoiles, l'effroyable drame qui venait de se dénouer dans les abîmes sans fond du Gouroul. Quelque temps encore ils entendirent une plainte lugubre et intermittente qui attestait l'agonie du cheval ou du cavalier; les rugissemens avaient cessé, mais des râles stridens et prolongés annonçaient que la furie des bêtes féroces s'exerçait contre un cadavre. Enfin la rive droite du Lutchmi devint silencieuse : les tigres avaient regagné les gorges de Ravana.

Nos deux voyageurs descendirent de l'arbre, et ils ne perdirent pas de temps à se communiquer leurs impressions ou à prendre un parti. Les yeux fixés vers les étoiles du midi, ils s'éloignèrent avec lenteur et précaution des rives de ce fleuve de mort. A chaque frémissement de feuilles, ils s'arrêtaient le cou tendu, l'oreille au bruit, courbés comme des chasseurs qui craignent d'effrayer le gibier; la main droite à la détente de la carabine, la gauche allongée sur le canon; mais, cette fois, c'était le gibier qui chassait le chasseur. Puis ils se disaient, par un signe de tête:

— Ce n'est rien, il faut poursuivre notre marche! Et ils cheminaient encore à tâtons, d'un pas de funambules, la respiration supprimée, les yeux au bout des pieds, craignant toujours de réveiller un tigre endormi, de rouler dans un nid d'hyènes, de troubler quelque puissant hyménée de panthère ou de serpent. Quelquefois, lorsqu'une arrête vive et tortueuse de broussailles, comprimée sous leurs talons, se relevait en se roulant autour de la jambe, un frisson mortel glaçait leurs veines, car ils se croyaient piqués par le terrible *Cobra-Cap-pell* qui siffle sur les grèves de la Triplicam au brûlant milieu du jour, et qui, la nuit, s'engourdit dans la mousse des collines, et se replie en trois cercles comme un bracelet oublié au désert par la belle Svahâ, épouse d'Agni, le dieu du feu.

Ces angoisses dévorèrent les deux voyageurs tant que les étoiles brillèrent au ciel. A l'aube, les objets rapprochés se dessinèrent et reprirent leur forme naturelle. Gabrielle rompit le premier le silence en disant :

— Béni soit le jour! je suis comme Ajax, fils de Télamon, je suis poltron la nuit.

Êtes-vous bien sûr, dit-il à Klerbbs que nous avons marché dans la direction du lac de Tinnevely?

— Moi? je ne suis sûr de rien! Nous avons marché au hasard; il me semble qu'il y a dix nuits que nous marchons, et je ne serais pas étonné de me trouver en Chine au lever du soleil.

— Voilà pourtant bien la constellation de la *Croix du Sud* avec laquelle nous nous sommes dirigés...

— La *Croix du Sud*, mon cher Gabriel? Le diable me caresse si j'ai remarqué une seule fois les étoiles, à moins qu'elles n'aient roulé sous mes pieds! J'avais l'œil au tigre et au serpent.

— Tenons conseil, Klerbbs.

— Soit, tenons conseil, je vous écoute; commencez; la séance est ouverte.

— Attendons le lever du soleil; dès que nous connaîtrons l'est, nous connaîtrons les autres points cardinaux.

— Adopté! La séance est levée.

— Asseyons-nous et causons.

— Nous pouvons même dormir un peu. Je crois, si je ne me trompe, que nous sommes sur le sommet d'une montagne; on ne risque rien ici... dormons; je suis brisé.

— Dormir! Êtes-vous fou, Klerbbs? Ne craignez-vous pas de vous réveiller dans le ventre d'un lion?

— Gabriel, je suis comme vous pour les tigres, je ne crois pas aux lions, à moins qu'ils ne soient en cage ou empaillés.

— Ce pauvre Mounoussamy!...

— Ah! nous avons assez pleuré sur lui... c'est un malheur consommé... Les maris qui ont de trop de belles femmes font toujours mauvaise fin. C'est une leçon dont je profiterai.

— Oh! sir Klerbbs, ne plaisantons pas sur cette horrible catastrophe.

— Gabriel, ne faites pas trop le vertueux; on dirait que nous sommes en Europe. Nous sommes dans l'Inde, du moins je le suppose, car je crains furieusement, au lever du soleil, de rencontrer un Chinois... Or, en faisant la part de la douleur que vous cause, ainsi qu'à moi, la triste mort de Mounoussamy, vous devez trouver, après vos larmes, une secrète et honteuse consolation dans le veuvage de la belle Héva. Vous êtes jeune, vous êtes Français, vous avez la grâce et l'esprit de votre nation, vous êtes pauvre aussi, en votre qualité de savant; eh bien! avec tous ces avantages vous devez l'emporter, après le deuil, sur tous vos rivaux. Voyons, parlez-moi franchement, Gabriel; avouez que mes paroles ne sont que l'écho de votre pensée. Gabriel, vous avez déjà fait votre plan.

— Mais quelle fureur avez-vous de plaisanter ainsi? Moi, j'ai encore dans la tête tous les tigres du Bengale qui me rongent la cervelle. Comment diable voulez-vous que je songe?...

— Vous y songez, Gabriel; je connais les cœurs humains! Cependant je n'insiste pas, j'attends demain... à moins que nous ne soyons dans un autre pays. Parole d'honneur! je crois que cette montagne est un bastion de la muraille de la Chine.

— Klerbbs, ouvrez les yeux; je m'aperçois que vous parlez en rêvant. Levez-vous donc, voici le jour... Allons, debout!

— Vive le jour! Je fermais les yeux pour ne pas voir la nuit... Oh! quel admirable point de vue! quel grand et magnifique paysage! Il me semble que je suis à Richmond, au balcon de *Star and garter*, première auberge du monde!... Mais tout ce paysage indien ne vaut pas un déjeuner. Je meurs de faim; je mangerais un lion!

— Eh bien! mon cher Klerbbs, levez-vous et doublons le pas; nous déjeunerons.

— Et où?

— Parbleu! à la maison de Mounoussamy!

— Ah çà! vous croyez donc que la veuve continuera à tenir auberge pour les passans?... Nous trouverons la maison vide! La veuve ne recevra personne dans son désespoir... Notre déjeuner est très compromis... N'importe! il faut continuer notre chemin... D'abord, orientons-nous... Le soleil va se lever là... l'habitation de la belle veuve est donc dans cette direction, en face, au midi... Oui, voilà au nord, je crois, le Mont-des-Bergers, où nous avons fait une si belle chasse!... Il faut descendre dans la plaine et marcher droit devant nous... Allons!... nous arriverons toujours quelque part.

Le soleil n'était pas levé, mais la campagne déjà s'inondait de cette lumière qui resplendit avant l'astre à l'horizon de l'aurore. On voyait dans le lointain se glisser rapidement au carrefour des bois ou au gouffre des vallées d'horribles formes de monstres indiens, ivres de sang, qui se hâtaient de regagner leurs tanières, comme si la nature leur eût défendu de troubler par leur présence la douce sérénité du soleil levant. Les arbres gigantesques, disséminés sans nombre sur une plaine sans limites, paraissaient comme des courtisans immobiles et silencieux qui attendent le lever d'un roi. Sous quelques-uns de ses merveilleux aspects, la campagne ressemblait à une belle femme qui se pare pour recevoir son époux: elle déroulait sa chevelure de rizières blondes, elle pendait à son cou un petit fleuve sinueux comme un collier d'argent, elle faisait saillir du milieu de deux collines charmantes de superbes tiges d'aloès épanouies comme un bouquet de fiancée, elle se voilait d'une prairie comme d'une robe de cachemire à mille fleurs. Quand le soleil, qui se lève sans ennui depuis six mille ans, pour se donner à lui seul le spectacle de ce paysage inconnu et sublime; quand le radieux époux de cette nature se révéla sur la montagne Bleue, comme un œil d'or qui s'ouvrirait tout à coup au front d'un géant, toute la campagne sembla tressaillir sous les embrassemens du ciel; une harmonie, formée de toutes les voix des arbres, des fleuves, des cascades, des oiseaux, des torrens, des fleurs, des vallées, des collines, éclata partout, comme l'hymne premier, chanté à l'aurore de la création.

Nos deux voyageurs oublièrent longtemps la fatigue et la faim devant ce spectacle merveilleux; mais ils rentrèrent bientôt dans les réalités de la vie en s'apercevant avec effroi que cette nature si belle était remplie d'embûches et que son éclat ne donnait que l'aveuglement. Rien dans tout ce qu'ils voyaient ne leur rappelait un seul des sites parcourus la veille avec la caravane des chasseurs; ils marchaient sur une terre inconnue, et leurs yeux, qui interrogeaient des horizons infinis, ne rencontraient aucun arbre isolé, aucun accident de terrain, aucune forme saisissante de colline qu'ils eussent salués par eux en sortant de l'habitation du Tinnevely. Décidément, ils avaient été séparés par une chaîne de montagnes de la côte de Madras, et leur course haletante et aveugle de la nuit les avait entraînés sous un autre ciel et vers les rivages d'une autre mer. Le pays qu'ils traversaient les épouvantais par moments, à cause de sa beauté singulière; rien, du premier coup d'œil, n'annonçait le désert: ce n'était pas la plaine du Nil ou la forêt vierge d'Amérique, ou quelque autre de ces paysages qui se couvrent des horreurs de la solitude et avertissent le voyageur de ne pas s'aventurer dans ces domaines de la désolation. Sur cette partie de l'Inde, la terre semble cultivée avec soin, arrosée avec amour; on s'attend à chaque pas à voir arriver les laboureurs et les bûcherons, et à surprendre derrière les massifs d'arbres un clocher de village ou une vaste métairie animée par une famille joyeuse de fermiers. L'effroi vous saisit enfin lorsque vous avez reconnu que toute cette richesse n'appartient à personne; que ces arbres se découpent gracieusement, ces collines s'arrondissent, ces petits fleuves coulent avec amour, ces prairies se couvrent de fleurs pour les tigres, les hyènes, les lions et les éléphans, seuls maîtres souverains de cette région splendide, fille aînée de la mer et du soleil.

Les fruits sauvages qui pendaient aux arbres dans ce grand verger de la nature ne donnaient qu'un soulagement passager à la faim de nos deux voyageurs. L'horizon se déroulait toujours devant eux dans la même uniformité d'étendue infinie; six heures de course ardente ne les rapprochaient pas d'une coudée: toujours des montagnes après les collines, des plaines après les montagnes, des forêts après les plaines, des prairies après les forêts, des roches nues après les prairies; toujours une campagne inépuisable, écartelée de verdure et d'aridité puissantes toutes deux.

Après un silence fort long, qui ressemblait à la sombre méditation du désespoir, Klerbbs, qui marchait le premier, s'arrêta et dit à son compagnon:

— Je vais vous effrayer en vous annonçant qu'il est trois heures; encore quatre heures, et nous voilà retombés dans les ténèbres de la nuit et les gueules de tigres!

Gabriel croisa les bras et secoua la tête mélancoliquement, les yeux fixés sur le soleil, qui descendait du zénith avec une rapidité désespérante.

— Ah! dit Gabriel, je me la rappellerai, cette chasse aux tigres!

— Parbleu! mon cher ami, je voudrais bien être dans le cas de me la rappeler! Mais il faut commencer par arriver à quelque gîte où il nous soit permis de nous rappeler quelque chose. Quant à moi, je suis au bout de ma science topographique, et je n'ai plus le courage de faire un pas. Voyons, faut prendre un parti. Nous sommes brisés, nous nageons dans nos sueurs, nos vestes blanches et nos pantalons éclatent en lambeaux, nous en avons laissé des échantillons à tous les buissons de l'Asie; nous ressemblons à des parias, et nous risquons d'être traités comme tels par le premier Indien de bonne maison qui nous rencontrera. Ce serait une insigne folie de continuer notre route dans un pays où il n'y a pas de route. Arrêtons-nous ici, passons à l'état de naufragés, bâtissons une cabane, fondons une colonie; le pays est beau et fertile, nous avons des armes et des munitions : voilà un délicieux verger de cocotiers et d'arbres à pain, voilà de l'eau claire comme le cristal; Romulus n'en avait pas autant, et il a réussi, c'est incontestable. Il n'y a pas au monde une plus belle végétation, un plus beau soleil. Ici, on rit de pitié quand on songe que quatre pieds carrés dans le *West-Kent* se vendent cent livres. Dieu nous vend l'Asie pour rien. Quelle admirable spéculation de terrain ! Je l'achète à ce prix, et je partage avec vous.

— Sir Edward, parlez-vous sérieusement?

— Oh! très sérieusement; d'autant plus que je crois que, cette nuit, à notre départ du théâtre des tigres, nous avons tourné le dos à la véritable route de Tinnevely, et que nous nous écartons ainsi depuis vingt heures du point où nous voulons nous rendre.

— Serait-ce possible, Klerbbs?

— Je suis sûr de mon fait maintenant : nous sommes à trente lieues au moins du lac de Tinnevely; ainsi, il n'y a plus à balancer : bâtissons sur ce terrain deux tentes, une pour vous, une pour moi, et commençons à dormir. Je suis accablé de sommeil; c'est le cas, cette nuit, de mettre en action le *midsummer-night's dream* de Shakspeare; nous ne manquerons pas de personnages pour le rôle du lion.

— Hélas ! mon ami Klerbbs, il faut donc renoncer à voir cette étoile de Tinnevely, cette reine des roses du Bengale, cette divine Héva !...

— Mon ami Gabriel, quand nous serons un peuple puissant, nous enlèverons les Sabines; pour le moment, songeons à nous établir en garçons.

Et Klerbbs, sans perdre de temps, coupa de longues branches d'érable, les dépouilla de leurs feuilles, en fit des pieux solides et les enfonça dans la terre, selon le procédé de Robinson.

Gabriel, voyant que son compagnon prenait son projet au sérieux, vint à son aide et posa des pieux.

— Très bien, très bien, Gabriel ! avant le coucher du soleil nous aurons une maison..... Vous soupirez, Gabriel ; voyons, quelle noire idée vous traverse l'esprit?

— Ah! mon ami je soupire en songeant qu'en ce moment il y a d'heureux mortels qui passent sur les trottoirs du boulevard Italien, à Paris, qui prennent des sorbets chez Tortoni, qui lisent les affiches au coin des rues, qui dînent au Rocher-de-Cancale !... et nous ! nous !...

— Nous, nous, Gabriel ? Oh ! je ne prendrais pas leur place pour leur céder la mienne! Ces villes m'ennuient à la mort... et puis il est si doux de fonder une ville !

Gabriel poussa un éclat de rire qui, pour la première fois depuis Adam, fit rire les échos de l'Asie-Majeure. Les deux voyageurs laissèrent tomber les pieux de leurs mains et rirent avec les échos. Cet accès de gaîté folle se fût prolongé indéfiniment entre les hommes et la nature, si les oreilles des deux amis n'eussent été frappées au même instant par les sons clairs et distincts d'un instrument qui ressemblait à une mandoline.

Klerbbs et Gabriel saisirent leurs carabines et gardèrent une immobilité de statues. Les sons se rapprochaient, et ils paraissaient se mêler à un chant mélancolique et nazillard. Bientôt, à quelques pas, se montrèrent deux Indiens vêtus d'une longue tunique blanche et portant devant eux en sautoir une espèce de mandoline à manche démesuré. C'était deux chanteurs ambulans, appelés dans l'Inde *Sarada-Caren*.

Les chanteurs ne firent paraître aucune émotion en apercevant les jeunes gens; ils s'avancèrent et leur tendirent la main comme pour leur demander une aumône.

— Pour le coup, nous sommes sauvés! s'écria Gabriel rayonnant de joie; ces gens-là connaissent le pays.

Et il leur donna une piastre.

Les chanteurs, pour reconnaître une si noble largesse, commencèrent une complainte sur la bataille de Rama et de Ravana. Au second couplet, Klerbbs les arrêta par un geste brusque de la main et leur dit en anglais de lui montrer la route jusqu'à la plus prochaine habitation. Les Indiens ne comprirent pas.

— Savez-vous un peu d'indoustani ? dit Klerbbs à Gabriel.

— J'ai remporté trois prix d'indoustani au collège de France, j'ai traduit l'*Adavapyrâm*, mais dans l'Inde on ne me comprend pas.

— Et moi, s'écria Klerbbs en se frottant le front, j'ai traduit à Cambridge le grand poète Azz-Eddin-el-Mocadessi, et si un Indien ne me parle pas anglais, je ne le comprends pas. Si jamais je rentre à Cambridge, je destitue mon professeur. Heureusement, je parle la langue universelle; ils me comprendront, ceux-là.

Klerbbs plaça les deux chanteurs côte à côte, prit le bras de Gabriel, et se plaçant derrière les Indiens, il leur fit signe de marcher vite en leur montrant le soleil à l'horizon du couchant et contrefaisant le cri du lion.

Les Indiens sourirent et se mirent en marche. Klerbbs et Gabriel allongèrent joyeusement le pas, et l'Anglais, se retournant vers ses pieux délaissés, les salua de la main en disant :

— Il est bien pénible d'abandonner ainsi une ville au berceau!

Les deux *Sarada-Caren* marchaient sans hésitation, et de ce pas résolu qui annonce la connaissance exacte du terrain. Parfois ils se retournaient pour donner un sourire de consolation aux voyageurs qu'ils remorquaient à travers plaines et collines. Klerbbs répétait à chaque instant sous diverses formes un anathème contre le professeur d'indoustani de l'université de Cambridge. Gabriel était absorbé dans une seule pensée, et il se disait par intervalles ce monologue :

— Je parierais volontiers que nous sommes à quarante lieues de la maison d'Héva.

Le soleil avait disparu derrière une longue crête de montagnes, que les voyageurs côtoyaient dans le vallon, et qui leur dérobait totalement la campagne et l'horizon du midi. Quelques signes de culture commençaient à se révéler çà et là, et l'on voyait même de légères aigrettes de fumée se détacher de la cime lointaine des arbres. Bientôt, Klerbbs et Gabriel virent avec joie un sentier tracé par des pieds humains, et des laboureurs, nommés dans l'Inde *Tottakarers*, descendirent d'une côte sur ce sentier, portant leurs instruments de travail sur leurs épaules. Gabriel n'aurait pas été plus transporté de bonheur, s'il eût vu la divine Héva passer avec sa grâce de créole, et son châle de crêpe chinois.

— Je conçois, disait Klerbbs, qu'il y a des momens où je pourrais embrasser un laboureur indien !

Enfin le bras d'un *Sarada-Caren* s'allongea vers un massif d'arbres, et nos voyageurs saluèrent une maison de brahmane, peinte en rouge par lignes verticales. La nuit tombait.

Aux dernières lueurs du crépuscule, ils reconnurent que cette maison devait être habitée par un brahmane des premières castes. Elle n'avait point de fenêtres : une toiture de joncs et de feuilles sèches de palmiers la défendait contre la pluie et le beau temps, et un enclos de maçonnerie contre les bêtes fauves. Devant la porte s'élevait une sorte de treille, nommée *Pandel*, couverte de paille et de branches vertes ; un peu plus loin dormait un petit étang destiné aux ablutions de famille. A l'angle méridional de la maison, un grossier piédestal supportait la statue informe de *Ganesha*, dieu pénate du foyer domestique indien.

Le brahmane Syaly habitait cette maison ; il reçut avec une affabilité grave nos deux jeunes voyageurs, et les conduisit d'abord devant l'image de *Ganesha*, qui fut honorée des profondes révérences de Klerbbs. Gabriel ne se prosterna pas.

Syaly les introduisit ensuite dans la salle de réception, et leur offrit du lait caillé nommé *dhuy*, deux flacons de jus de palmier, et de la liqueur fermentée nommée *sourá*. Klerbbs et Gabriel s'assirent à l'indienne sur la natte fraîche, et ils prirent leur repas frugal. Le brahmane parlait assez bien le français et l'anglais ; mais il eut la politesse de n'adresser aucune question aux deux étrangers : il se contenta d'échanger avec eux quelques paroles sur des sujets indifférens. De leur côté, Klerbbs et Gabriel n'osèrent faire aucune interrogation.

Après souper, la conversation prit une tournure intéressante. Le brahmane Syaly était fort instruit, et surtout il était doué d'un orgueil national digne d'un Anglais. Il ne laissa pas échapper l'occasion de placer l'Inde au-dessus de tous les pays du globe. Il se moqua d'Homère qui avait inventé une mythologie dépourvue d'imagination, et touchant par tous ses points à la réalité. Il attaqua l'architecture religieuse grecque, qui rasait la terre avec le chapiteau de ses colonnes, et s'était copiée elle-même à l'infini. Alors il cita les mille poèmes de la mythologie de l'Indoustan, dont les titres seuls sont plus longs que les œuvres d'Homère ; puis il déroula l'éternel chapitre des métamorphoses de Brahma, et il s'apprêtait à décrire l'architecture idéale et merveilleuse des temples souterrains d'Éléphanta et d'Elora, cette architecture de rêves et de visions sublimes, lorsqu'il s'aperçut que ses deux auditeurs, vaincus par le sommeil, dormaient profondément.

Le brahmane n'avait pas souvent l'occasion, dans sa solitude, d'exercer son érudition religieuse, et il s'était jeté avidement sur ces deux voyageurs comme sur une proie de controverse que la Providence lui envoyait. Le devoir de l'hospitalité lui prescrivit pourtant de respecter leur repos ; mais il n'en fut pas moins piqué de deux choses, du sacrilége commis par Gabriel, qui ne s'était pas incliné devant sa statue domestique, et de l'irrévérence avec laquelle les voyageurs avaient accueilli son discours sur les incarnations.

Le soleil était levé depuis assez longtemps, lorsque Gabriel et Klerbbs se réveillèrent après un sommeil réparateur. Comme ils rajustaient les délabremens de leur toilette, ils entendirent des voix qui chuchottaient au dehors, mêlées à des piétinemens de chevaux. Ils se rapprochèrent de la persienne qui voilait la porte, et furent saisis d'un étrange étonnement lorsque la conversation suivante arriva à leurs oreilles.

Une voix forte disait en anglais :
— Ce sont deux chanteurs ambulans que nous avons interrogés ce matin à l'habitation de Mounoussamy, et qui nous l'ont dit.
— Ils ne vous ont pas trompés, répondait le brahmane, je leur ai donné l'hospitalité hier soir.
— Je vous ordonne donc de les livrer au nom du *King's-Proctor* de Madras, disait l'autre voix.
— Je ne refuse pas de vous les livrer, disait le brahmane ; mais ils dorment encore, et la loi de l'hospitalité me défend de troubler leur sommeil. Ces deux jeunes gens ne m'inspirent aucun intérêt : ils sont couverts de haillons comme des ravageurs de jardins ; ils ont leurs chaussures en lambeaux, et tout en eux annonce qu'ils ont fait un mauvais coup. De plus, je suis convaincu qu'ils n'ont aucune religion.
— Oh ! pour le coup, ceci est trop fort ! s'écria Gabriel dans la maison ; et, soulevant la persienne, il s'élança sous le *Pandel*, suivi de Klerbbs.

Les deux amis trouvèrent là six cavaliers cipayes et un officier anglais.
— Je vous arrête au nom de la loi ! dit l'officier.
— Nous ? s'écrièrent à la fois Klerbbs et Gabriel.
— Et qui donc ? dit l'officier : n'êtes-vous pas les nommés Klerbbs et Gabriel de Nancy, sans profession ?
— Oui... Mais pourquoi nous arrêtez-vous ?
— Voici l'ordre d'arrêt du *King's-Proctor*.
— Mais de quoi sommes-nous accusés ? dit Gabriel.
— Vous le saurez à Madras.
— Voilà qui est singulier ! dit Klerbbs. Eh bien ! nous vous suivons, capitaine ; allons à Madras.

L'officier fit un signe : on amena deux vieux chevaux pour Klerbbs et Gabriel ; les prisonniers furent placés au centre de l'escouade, et l'on partit.

Tout ce monde suivit un sentier escarpé qui coupait la crête de la montagne auprès de laquelle était située la maison du brahmane ; et lorsqu'on fut parvenu au sommet, Klerbbs et Gabriel découvrirent à gauche dans la plaine le lac du Tinnevely.

Une exclamation de surprise échappa simultanément aux deux prisonniers.
— Un seul mot, capitaine, dit Klerbbs ; est-ce que nous ne nous arrêterons pas à cette habitation là-bas ?
— Vous vous arrêterez à Madras, dit l'officier, et pour longtemps.
— Ceci est plus fabuleux que les dix incarnations de Brahma ! dit Gabriel.

IV

A MADRAS.

Après une longue route dans la campagne, Klerbbs et Gabriel arrivèrent à Madras, et furent enfermés dans la prison du fort Saint-Georges.

La justice est toujours plus expéditive dans les colonies que dans les métropoles. Les deux prisonniers ne tardèrent pas à paraître devant leurs juges ; ils s'étaient épuisés en conjectures sur la cause de leur arrestation. Klerbbs répétait toujours qu'on les accusait sans doute d'avoir essayé de fonder une ville au désert, crime prévu peut-être dans un code indien à eux inconnu :
— Ce sont les deux chanteurs qui nous ont dénoncés ! disait Gabriel.
— Je comprendrais parfaitement cette accusation, disait Klerbbs, si Madras était encore administré par le code indou, comme la vieille *Tchina-Patnam* ; mais depuis l'avènement de lord Cornwallis à l'administration suprême du pays, nous n'avons à rendre compte de nos actions qu'à des juges anglais...
— Et des juges anglais, ajouta Gabriel, ont trop de bon sens pour nous condamner parce que nous avons coupé, dans l'*East-India*, quatre pieux d'érable pour passer la nuit !
— Ce serait probablement un exemple qu'ils voudraient donner aux naturels du pays, remarquait Klerbbs avec beaucoup de sagacité.
— Préparons notre plaidoyer en conséquence, disait Gabriel.

Comme ils s'entretenaient ainsi, l'*attorney-general* entra dans leur cachot, suivi d'un secrétaire.

Le magistrat s'assit, et, s'adressant aux deux prisonniers, il leur dit :
— Klerbbs et Gabriel de Nancy, vous êtes accusés d'assassinat sur la personne de l'Indien Mounoussamy, sujet de la Grande-Bretagne ; avez-vous quelque chose à répondre à cela ?

Les deux amis poussèrent un cri, en élevant leurs mains au-dessus de leur tête.
— Qu'avez-vous à répondre à cela ? répéta l'*attorney-general*.
— Tout et rien ! dit Klerbbs, à notre choix !
— Il y a contre vous des témoignages accablans, dit le magistrat.
— Oh ! c'est une horrible dérision ! s'écria Gabriel.
— Prenez garde ! jeune homme ! l'homme de loi, vous prenez de l'irritation ! vous vous emportez !... donc...
— Oui, interrompit vivement Gabriel, les innocens qu'on accuse sont toujours dans une position étrange ; prennent-ils la chose froidement comme Klerbbs, on dit : — Oh ! s'ils étaient vraiment innocens quel cri de vérité sortirait de leur poitrine ! se livrent-ils à un juste mouvement d'indignation et de colère, comme moi, on dit : — Oh ! l'innocence est calme et sa parole tranquille, car elle n'a rien à redouter ! Si je suis coupable parce que je m'indigne, Klerbbs est innocent parce qu'il ne s'indigne pas.
— Vous vous êtes distribué vos rôles, dit le magistrat ; mais l'œil exercé de la justice ne s'y méprendra pas. Faites des aveux, et peut-être la clémence...
— Nous ne voulons point de clémence, nous voulons la justice, dit Gabriel, s'il y en a à Madras.

— La justice, dit le magistrat, est sur tous les points du globe où flotte cette devise : *Dieu et mon droit.*
Et il se leva en lançant un regard sévère sur les deux prisonniers.

Dès ce moment Klerbbs et Gabriel furent séparés : toute communication entre eux leur fut interdite jusqu'au jour des débats.

La vieille ville, la ville noire, la ville européenne, la ville chinoise, toutes ces villes qui forment Madras s'étaient beaucoup émues à l'annonce de ce procès ; les Indiens riches et les pauvres attendaient avec anxiété son issue, pour juger la justice des Anglais, leurs maîtres, et pour savoir s'ils auraient la sage impartialité de sacrifier un homme de leur nation, un homme souillé du sang d'un Indien. A l'aurore du jour des débats, toutes les avenues du palais où s'installa le tribunal étaient inondées d'un peuple de toutes couleurs, mosaïque humaine qui ne pave que les rues de Madras.

Les juges étaient au nombre de cinq, présidés par le *criminal-juge* ; l'*attorney-general* était à son banc.

On amena les prisonniers. Ils portaient le costume dévasté de leur malheureuse chasse ; cependant les dames de la haute société blanche et cuivrée de Madras trouvèrent que ces jeunes gens étaient fort bien, et qu'ils ne ressemblaient nullement à des assassins.

Après avoir interrogé les prévenus sur leur âge, leur profession, leur pays, leur domicile, le juge criminel fit appeler les témoins.

Quatorze témoins déposèrent comme un seul ; Mirpour et Goulab, les douze Péons de Mounoussamy. Ils affirmèrent tous que Gabriel et Klerbbs avaient assassiné leur maître et leur ami, entre les rives du Lutchmi et les gorges de Ravana, et que, pour se dérober à leur poursuite, ils s'étaient jetés à la nage et perdus dans la vallée de Lutchmi, où les arbres sont aussi touffus et serrés que des épis dans les rizières.

Après eux, vint déposer le brahmame Syaly ; il dit que Gabriel et Klerbbs étaient arrivés dans sa maison le soir du lendemain de l'assassinat ; que leurs physionomies étaient sinistres, leurs mains ensanglantées, leurs habits en lambeaux, comme ceux d'assassins qui auraient lutté longtemps avec leur victime ; et il versa des larmes sur la mort de Mounoussamy, qui était, disait-il, son ami et son voisin derrière la montagne.

Enfin, les deux *Sarada-Caren* déposèrent aussi. Ils dirent qu'ils avaient vu les deux prévenus occupés à tailler des pieux dans le désert pour construire une cabane, et que l'un d'eux leur avait donné une piastre pour acheter leur discrétion.

Alors l'*attorney-general* se leva et parla ainsi :

— « S'il est un crime évident, palpable, clair comme le soleil qui nous éclaire, c'est celui qui est soumis à ce tribunal. Vous avez entendu les foudroyantes dépositions des témoins, qui sont tous dignes de foi, plutôt à cause de leur caractère plein de candeur et d'ingénuité qu'à cause de leur position sociale ; mais, comme dit Blakstone, *regardez le visage du témoin, et non son habit.* Je vois d'un côté douze Péons, honnêtes et laborieux serviteurs, qui certes ne se sont pas accordés pour déposer unanimement contre les prévenus, et qui, tout en pleurant la mort de leur maître, ne voudraient pas la venger par la mort de deux innocents à eux inconnus. Je vois ensuite deux riches négocians, fils de ces heureux climats, deux Indiens qui se sont retirés des affaires commerciales pour prendre un peu de ces doux loisirs que le poète de Mantoue a célébrés dans ses vers harmonieux. Goulab et Mirpour, ont perdu un ami, un véritable ami, et la perte d'un ami est irréparable ; c'est un trésor qu'on ne trouve qu'une fois.

» Parlerai-je des deux chanteurs ambulans, dont la déposition, insignifiante au premier abord, n'en est pas moins accablante lorsqu'on l'examine de près ? Que vous ont dit ces naïfs enfans de la nature ? Ils ont vu Klerbbs et Gabriel perdus dans les solitudes, où les remords et la crainte du châtiment les retenaient, se construisant à la hâte une informe cabane, pour y ensevelir désormais une vie qui n'appartenait plus qu'à la main de l'exécuteur. Ces deux hommes, élevés dans la mollesse et les plaisirs, séparés violemment de la société par la barrière du crime, s'étaient déjà condamnés eux-mêmes à subir un exil perpétuel au milieu des bêtes fauves, dignes émules de leurs forfaits !

» Et maintenant, me sera-t-il permis de dire toute ma pensée ? Oui, et aucune considération humaine ne saura m'écarter de la ligne de mon devoir. Je dirai tout ; je ne cacherai rien.

» Une chose sans doute vous a frappés, honorables juges : vous vous êtes demandé quel intérêt si grand a pu porter ces deux prévenus à commettre un crime atroce ? Car, selon la morale du savant légiste Makerson, *tout crime suppose un intérêt ;* axiome qui n'est que le corollaire d'un autre plus connu : *Is fecit cui prodest.* Ici, l'intérêt qui a porté deux hommes au crime, ce n'est ni la vengeance, ni la soif d'un vil métal ; c'est une passion adultère, ou, pour mieux dire, c'est l'association de deux infâmes amours ! On a tué le mari pour... Je m'arrête, honorables juges ; je craindrais moi-même de souiller l'air de cette enceinte par une parole que mon silence exprime bien mieux. C'est pour arriver à ce but odieux que Gabriel et Klerbbs se construisaient un repaire dans les bois, à dix milles du lac de Tinnevely, afin d'y cacher l'innocente victime de leur infernale passion. Insensés ! vous espériez donc que rien dans cet asile solitaire ne troublerait vos nuits et vos jours ? Ah ! tous les torrens qui viennent de la montagne Bleue ne peuvent laver une goutte de sang ! toutes les fleurs de ces sauvages jardins de l'Inde n'auraient pu donner un adoucissement à vos remords ? Vous vous seriez écriés sans cesse, comme lady Macbeth : — « Il y a toujours là une
» odeur de sang ! tous les parfums de l'Arabie n'embaume-
» ront jamais cette main ! (*Here's the smell of the blood still;*
» *all the perfumes of Arabia will not sweeten this hand!)* »

» D'autres témoins appartiennent à diverses nations européennes n'ont assisté que de loin à l'assassinat du malheureux nabab. Nous ne les avons pas appelés dans cette enceinte. Ils disent qu'ils n'ont rien vu, et qu'ils ne peuvent rien affirmer ni en faveur ni contre les prévenus. Eh bien ! j'affirme, moi, que le silence de ces Européens, unis par de longues relations avec les prévenus, est plus accablant que le témoignage de quinze Indiens. *Silent! clamant! Ils se taisent, ils crient,* comme dit Cicéron dans sa première Catilinaire. *Silent! clamant!*

» Je ne puis passer sous silence une autre déposition terrible, quoiqu'elle soit exprimée dans un langage concis, aimé des lettrés de l'Indoustan. Le savant et sage brahmane Slavy vous a dépeint en termes frappans la dégradation physique et morale dans laquelle étaient tombés les prévenus, lorsqu'ils vinrent dans les ténèbres lui demander l'hospitalité ! Quoi ! ces hommes qui connaissaient parfaitement les lieux ont évité l'habitation du Lac ! Quoi ! ils ont mis une haute montagne entre eux et la maison de Mounoussamy et la maison du brahmane ! Et s'ils étaient innocents, pourquoi ne se sont-ils pas présentés la veille, comme les autres, chez la veuve de l'Indien ?... Mais ils ont erré à travers les plaines pour éviter des visages accusateurs ; et si la justice n'était pas tombée à l'improviste sur les coupables, ils auraient gagné Pondichéry, ils auraient traversé les mers pour ensevelir leur forfait et leurs noms dans quelque asile lointain, où le glaive de notre loi n'a pas d'action sur les criminels !

» Le crime est donc prouvé jusqu'à l'évidence. Il faut montrer à nos compatriotes les Indiens que la justice est égale pour tous. Nous sommes heureux de reconnaître qu'en cette occasion la justice est d'accord avec une sage politique. Je vous livre donc sans crainte, honorables juges, ces deux hommes ; votre sentence ne peut être douteuse. Et toi, infortuné Indien, toi qui as trouvé dans les déserts des chrétiens plus féroces que les monstres de l'Asie, que tes mânes s'apaisent ! ton sang répandu sera vengé ! »

Ce plaidoyer était un mélange de mauvais goût, d'emphase, de rhétorique banale et de traits heureux ; mais il produisit une vive impression sur le tribunal et sur l'auditoire. Les deux prévenus gardèrent une attitude de dignité, qui fut généralement regardée comme l'expression de l'impudence et de l'endurcissement du cœur. Le juge criminel, dont la conviction était déjà faite, prit un visage bénin et dit aux prévenus :

— Avant d'accorder la parole à votre défenseur, je veux vous demander si vous n'avez rien à dire dans l'intérêt de la cause.
— Rien, murmura Gabriel.
Klerbbs croisa les bras, rejeta nonchalamment sa tête en arrière et dit :
— Pour la rareté du fait, je voudrais me voir pendre demain matin.
Et le jeune Anglais fit un de ces sourires auxquels les yeux ne donnent pas un rayon, un sourire de fou.
Le président, après une légère pause, reprit :
— La parole est au défenseur des accusés.
L'avocat se leva, en secouant les immenses flocons de sa perruque d'emprunt, étendit verticalement son bras vers le plafond pour ramener au coude les plis de la manche de sa robe, et dit :
— Honorables juges de la cour criminelle, la cause...
Gabriel se leva vivement sur son banc et imposa silence à l'avocat, il s'écria :
— Nous ne voulons pas être défendus. Une défense est une insulte pour nous ! Assez, monsieur !
Klerbbs approuva tranquillement par un signe de tête ces paroles de son ami.
Le juge demanda d'un ton solennel, et s'adressant à l'avocat, qui déjà s'asseyait, il dit :
— Obéissez au tribunal ; défendez les accusés, monsieur.
L'avocat se leva de nouveau et commença ainsi :
— « Messieurs, je ne me dissimule pas la pénible tâche que la cour m'a confiée. Je prends la parole après un magistrat dont la voix éloquente a ému nos âmes, mais je puiserai dans mon cœur la force nécessaire pour remplir dignement mon devoir d'humanité.
» Vous voyez devant vous, honorables juges, deux jeunes gens qui appartiennent aux classes élevées de la société, deux voyageurs avides de science, et qui viennent chercher, à la sueur de leur front et au péril de leur vie, un peu de cette gloire que recueillaient les Colomb et les Vasco di Gama : l'étude est leur seule passion, la gloire leur seule récompense. L'un a été envoyé par la Société royale de Londres pour découvrir l'Histoire des Malabars, écrite avant Aureng-Zeb, ce tyran qui fit décapiter son frère ; l'autre remplit une mission non moins importante : il voyage dans l'Inde pour compléter la collection ornithologique du Musée de Paris, ce *Pandæmonium* de tous les êtres de la création.
» Je demande à la cour qu'il me soit permis de lire la moitié d'une lettre que M. de Lacépède...
— Avocat, les lettres de M. de Lacépède ne sont pas en cause. Venez au fait.
— « Honorables juges, poursuivit l'avocat, le respectable attorney-general est tombé dans une grave contradiction. Il a dit, dans un passage de son éloquent discours, que les deux prévenus avaient voulu construire une cabane dans le désert avec une intention criminelle, et il a établi sur cette conjecture la base fondamentale de l'accusation. Mais, honorables juges, le respectable attorney a dit, en finissant, que l'intention de Klerbbs et de Gabriel était de fuir le désert pour s'embarquer à Pondichéry. Je vous le demande, honorables juges, comment concilier ces deux choses ? Quoi ! Gabriel et Klerbbs veulent fonder un établissement dans le Tinnevely, et ils courent chercher un vaisseau sur la côte de Coromandel ! Au nom de Dieu ! que l'accusation soit plausible ! L'affaire est grave, très grave ; il s'agit de la vie de deux innocens. »
(Murmures dans l'auditoire.)
Le président, d'une voix perçante :
— Au moindre signe d'approbation ou d'improbation, je fais évacuer la salle.
L'avocat, élevant la voix au diapason de la menace du président :
— « Oh ! non, vous ne les condamnerez pas, parce que la science réclame leurs services et que l'Europe a les yeux sur eux ! Vous ne les condamnerez pas, parce que les témoignages qui se sont élevés contre mes cliens sont vagues et semblent tous dictés comme une leçon d'écolier à des... »
L'attorney se leva furieux et s'écria :

— Les témoins sont placés sous ma protection ; ils ont parlé selon leur conscience, et je ne souffrirai pas qu'il soit porté atteinte à leur honneur.
L'avocat :
— Vous ne les condamnerez pas, parce que vous n'avez entendu aucun témoignage à décharge !
— Produisez-en ! produisez-en ! reprit l'attorney.
— Que j'en produise ! Eh ! mon Dieu ! envoyez une assignation aux tigres des gorges de Ravana !
— Bravo ! s'écria Gabriel.
— Il a fini par trouver cela, dit Klerbbs ; c'est très beau !
Le président frappa sur la table et dit :
— La cause est suffisamment instruite. Les prévenus ont-ils quelque chose à ajouter à la défense de leur avocat ?
— Oui, dit Klerbbs, une chose bien simple, une seule : nous sommes innocens.
— Voilà tout ? demanda le juge.
— Oui. Il nous semble que c'est suffisant.
— La séance est suspendue, dit le juge.
Klerbbs se pencha à l'oreille de Gabriel et lui dit :
— Oh ! je suis bien tranquille. Je connais les juges anglais des colonies ; ils jouent très bien leur jeu. Ce procès qu'il nous font est une concession aux naturels du pays. Voilà leur politique. Nous sommes absous.
La législation criminelle qui régit la métropole ne s'introduisit que fort tard dans les colonies. A cette époque, Madras ne connaissait pas le jury. Des magistrats spéciaux jugeaient les crimes, et d'une façon fort expéditive toujours.
La délibération ne dura pas un quart d'heure. Le président débita un long préambule, qui n'était que la répétition du discours de l'attorney, et à la fin il prononça une sentence de mort.
Klerbbs et Gabriel s'inclinèrent comme pour remercier.
Le président se leva et dit :
— Klerbbs et Gabriel, la loi vous donne vingt-quatre heures pour vous préparer à la mort... Qu'on emmène les condamnés !
Quatre soldats cipayes escortèrent Klerbbs et Gabriel à la prison voisine. Un pasteur de la communion d'Augsbourg et un missionnaire de la Propagande attendaient les deux condamnés sur le seuil de leurs cachots, et ils y entrèrent avec eux.
La ville indienne célébrait dans ce jour le *Raous-Jatreh*, la fête des amours de Kistna, bacchanales du Coromandel. Un heureux hasard faisait concourir la mort de deux chrétiens avec les réjouissances publiques ; aussi la foule épuisait ses démonstrations d'allégresse et dansait au son du *bin* et du *sitar* sur la place du Gouvernement, où les potences et le bourreau étaient attendus.

V.

LA JUSTICE HUMAINE.

La nuit qui suivit le jugement rendu contre Klerbbs et Gabriel ne vit pas un seul homme endormi dans Madras, depuis le pont des Arméniens jusqu'à l'édifice neuf, nommé le Panthéon. Il y a aussi un Panthéon à Madras. Depuis que les hommes s'efforcent de supprimer Dieu, ils bâtissent des Panthéons partout.
L'exécution devait avoir lieu le lendemain, à l'heure où le *Béraidje* attelle les bœufs au *tandigel* de voyage, où le batteur de riz descend à la plaine de Tchoultry pour gagner le pain de son jour.
Dans ce torrent animé de visages de démons qui se ruaient vers la place des potences, on n'apercevait aucune trace de lassitude, quoique les orgies infernales de la nuit dernière eussent été dignes du dieu Kistna : chez nous, peuples à face blême, la chair souffrante révèle à l'extérieur l'épuisement des forces ; mais ces carnations de bronze que boucane le soleil indien ne trahissent aucun secret : on croirait voir des liasses de damnés, dont les corps se sont colorés aux flammes de l'enfer, et qui, revenus sur la terre, n'ont repris à l'homme

que ses passions, en lui laissant sa faiblesse. A chaque centre de ces tourbillons d'êtres surnaturels, qui s'élançaient à la cime de leurs bambous et pirouettaient avec eux en sifflant comme des boas, on aurait pu voir, se multipliant partout, deux Indiens gigantesques, dont les yeux semblaient lancer des gerbes de feux du Bengale, et dont la voix tartaréenne excitait ce monde en délire, ivre du feu de la débauche et des liqueurs. Ces deux êtres surhumains savaient les paroles qui crispent les pieds de l'Indien et le font bondir comme un tigre de la tanière au vallon. L'un était ce Goulab, qu'on aurait pris pour Wichnou incarné, une onzième fois, en éléphant; l'autre, ce Mirpour, qui avait sur son corps la souple ondulation de la panthère, et sur sa face les contractions rudes et nerveuses du lion. Un intérêt mystérieux avait mêlé ces deux monstres humains aux saturnales de cette nuit; ils étaient sortis dans un costume indigent de leur superbe habitation de la rivière Triplicam, sur la route d'Élora, et ils avaient entraîné tout le peuple de la ville noire à travers les rues et les places de Madras, poussant avec lui de formidables cris de réjouissance en l'honneur des juges qui vengeaient sur deux Européens la mort du nabab de Tinnevely.

Le soleil vint éclairer la fête de ces démons qui remplissaient, comme les flots orageux d'un lac de bronze en fusion, la vaste place où le bourreau attendait les condamnés. A quelques pas des potences, Goulab et Mirpour dominaient les têtes indiennes, et attachaient les yeux sur le carrefour lointain, où le funèbre cortège, sorti de la prison, devait se montrer à chaque instant. Les heures paraissaient s'écoulaient, et les criminels ne paraissaient pas. Le bourreau, debout sur une haute estrade, donnait des signes d'impatience, et promenait ses regards de l'horloge publique au soleil. Parfois apparaissaient deux cavaliers de la milice à l'extrémité de la place, et les Indiens trompés saluaient cette avant-garde par une explosion déchirante de râles aigus, semblables à une symphonie de tigres. Puis le silence retombait sur cette multitude, et la soif du sang qui la dévorait ne se manifestait plus que par des ondulations de têtes d'airain qui semblaient excitées par le vent du golfe de Coromandel.

Enfin, un roulement de tambours annonça l'arrivée de la milice, et les canons de la batterie du fort s'allongèrent sur les créneaux.

Un cavalier, lancé au galop, passa entre les deux haies des miliciens indous et remit un pli au bourreau de Madras.

Celui-ci lut avec lenteur l'ordre qui lui était envoyé et fit un sourire stupide et féroce, un sourire qui ne se forme que sur les lèvres de bourreau.

Puis il souleva une liasse de cordes, la posa nonchalamment sur les épaules d'un de ses valets, et descendit de son estrade. Il donna un regard mélancolique d'adieu à ses potences, comme s'il eût été désespéré de voir que de si beaux instrumens, si fièrement posés par sa main, allaient rentrer sous le hangard sans avoir fonctionné, comme deux indolens laboureurs qui s'en reviendraient du sillon, en laissant les épis debout.

Goulab fit un bond de sa place au pied des potences et interrogea le bourreau; celui-ci ne répondit qu'en montrant la lettre et haussant les épaules, de l'air d'un homme qui accusait d'injustice les dispensateurs du pardon.

Des murmures stridens s'élevèrent aussitôt dans la populace. On enlevait une proie à cette armée de tigres! Cette injustice, exercée effrontément contre un pauvre peuple affamé de chair humaine et chassé de la table du festin, allait amener une insurrection; mais il ne fallut qu'un mouvement de soldats et une lueur de mèche dans la batterie du fort pour mettre en déroute ces hideux convives avant le premier cri de révolte.

Goulab et Mirpour se perdirent dans les tourbillons de la foule; une terreur de mort les glaça tous deux; des pressentimens sinistres les éclairèrent confusément sur la scène mystérieuse dont ils venaient d'être témoins. Ces deux hommes fauves, que la fortune avait élevés de la tanière au palais, et de la nudité sauvage au luxe du nabab, s'estimèrent heureux de se retrouver dans leur costume primitif, avec cette différence pourtant que leurs larges ceintures recélaient une somme énorme en quadruples espagnols : n'osant plus rentrer à leur habitation de peur d'y rencontrer quelque révélation accablante, ils s'enfoncèrent dans le désert qui mène aux solitudes sacrées des temples d'Élora, résolus d'y attendre les événemens à la faveur d'un espionnage qu'il leur serait aisé d'établir et de trouver parmi leurs frères indiens, fanatiques sectateurs de Siva.

A l'aube de ce jour, un riche Indien, surnommé Talaïperi ou *Grand-Prévôt*, et frère de Mounoussamy, s'était présenté chez l'*attorney-general* pour une communication qui ne souffrait aucun retard. Le magistrat fut réveillé en sursaut par les cris de désespoir que poussa l'Indien, lorsque les domestiques refusèrent de l'introduire sous prétexte que l'audience ne commencerait qu'à midi. L'attorney sonna, et apprenant que le solliciteur était son prédécesseur avant la colonisation anglaise, il lui fit ouvrir sa porte, et, dans le plus simple des négligés, il voulut bien lui accorder, *hors l'heure*, une audience extraordinaire.

Talaïperi, revêtu d'un costume européen des plus élégans, se précipita dans la chambre de l'attorney avec un visage dont la pâleur semblait percer sous sa couche de bronze.

— Justice! justice! s'écria l'Indien; honorable attorney! justice!

— Vous la trouverez toujours ici, dit le magistrat.

— On va exécuter Klerbbs et Gabriel?... demanda Talaïperi avec une inquiétude fiévreuse.

— Dans quelques heures.

— Ils sont innocens! innocens!

— Ils sont condamnés!

— Mais ils ne sont pas morts, honorable attorney; ils ne sont pas morts?

— Ils sont morts aux yeux de la justice...

— Alors ils vivront, s'écria l'Indien... J'ai exercé quinze ans, dans la ville noire, les fonctions de grands-prévôt, et mon nom a toujours été salué comme juste. Je suis le frère de Mounoussamy, et lorsque je viens vous arracher deux têtes innocentes, deux jeunes gens accusés du meurtre de mon frère, je mérite d'être écouté.

— Monsieur, dit l'attorney, vous perdez votre temps, Klerbbs et Gabriel sont innocens, dites-vous?... Avez-vous entendu mon plaidoyer d'hier?

— Non, *your worship*.

— Ah! si vous l'aviez entendu, vous ne viendriez pas me faire un drame à la pointe du jour... Tenez, je vous prie de jeter un coup d'œil sur ce journal, c'est l'*Evening-Chronicle* de Madras; vous y lirez mon discours.

— Mais, honorable attorney, si, malgré votre discours, mon frère Mounoussamy venait en personne vous dire que Gabriel et Klerbbs ne l'ont pas assassiné!...

Le magistrat recula de trois pas, et laissa tomber le journal.

— Mounoussamy, votre frère, n'a pas été assassiné? s'écria l'attorney, du ton de l'homme qui redoute plus une blessure à travers son amour-propre qu'il ne souhaite la résurrection d'une victime pour laquelle il a plaidé.

— Ah! malheureusement, *your worship*, mon cher frère est mort... Mais voici une lettre qui décharge complètement Klerbbs et Gabriel, et fait retomber sur d'autres la responsabilité du crime.

— Et qui a écrit cette lettre?

— Mon frère Mounoussamy.

— Celui qui est mort?

— Oui, honorable attorney.

— Êtes-vous fou, notre ancien grand-prévôt?

— Voici la lettre. Ayez la bonté de la lire, honorable attorney. Hier en mettant de l'ordre dans les papiers de mon frère, j'ai trouvé cette lettre exposée, bien en relief, pour être découverte à la première perquisition. Elle est à votre adresse comme à la mienne. Le temps presse, lisez cette lettre, au nom de Dieu.

Le magistrat haussa les épaules et lut la lettre de Mounoussamy.

Cette lettre était datée de la veille du jour qui vit disparaître l'Indien dans les ténèbres mystérieuses de la rivière de Lutchmi; elle était ainsi conçue :

« Mon bien-aimé frère ;
» Nous partons demain matin pour chasser le tigre, entre le mont des Bergers et les gorges de Ravana. Depuis
» un an, je vis avec deux hommes qui veulent me perdre,
» et qui jouent avec moi un jeu plein de ruses et d'embûches ; j'attends un hasard heureux qui les dévoile ; et je
» les écrase sous mes pieds comme deux serpents. Je ne connais malheureusement qu'une partie des mille pièges dont
» ils m'entourent dans ma propre maison, mais je veux enfin leur fournir l'occasion de se déclarer nettement mes
» ennemis. Ils parlent depuis trois mois d'une chasse au
» tigre avec tant d'obstination qu'ils me font présumer que
» leur plan d'attaque ouverte est attaché au jour de cette
» chasse. Je veux donc en finir avec eux. La chasse aura
» lieu demain. Il y a dans notre caravane beaucoup de poltrons ; ceux-là ne m'inquiètent guère ; je n'en attends ni
» hostilité ni secours. Je compte d'abord sur moi, et après
» moi sur deux jeunes voyageurs, un Anglais et un Français, qui, pour l'honneur de leur nation, ne se feront
» jamais les complices de mes deux scélérats. Quant aux
» Péons, ce sont des esclaves indiens ; le feu d'une amorce les
» mettra sur les ailes du vent.
» Mes brigands se nomment Goulab et Mirpour. L'un est
» épris de ma femme, l'autre a commis un vieux crime à
» Calcutta de complicité avec son ami, et ils continuent à
» se soutenir mutuellement pour exploiter d'autres horreurs.
» Si demain je succombais dans cette chasse, il ne faut
» pas que la justice s'égare : les assassins ne seront pas impunis ; je les dénonce d'avance sous les noms de Goulab
» et de Mirpour. Adieu, mon cher frère, je désire en écrivant cette lettre que vous ne la lisiez pas.
» MOUNOUSSAMY. »
A l'habitation du Lac.

Lecture faite, l'attorney retourna la lettre en tous les sens et ramassant l'Evening-Chronicle, il relut son discours, confronta les deux pièces, et après avoir balbutié quelques monosyllabes entrecoupés de pauses, il s'éleva jusqu'à la phrases complète :
— Monsieur grand-prévôt, dit-il, êtes-vous bien sûr que cette lettre soit bien de votre frère ? Reconnaissez-vous sa main ?
— Si je la reconnais ! Tenez, honorable attorney, voici cent lettres de mon frère dans ce portefeuille... Appelez vingt négocians de Madras, montrez-leur l'adresse de cette lettre, et vous verrez si du premier coup ils ne nomment pas Mounoussamy.
— Ah ! c'est qu'il faut agir avec précaution dans ces sortes de cas ! Je connais mon devoir... la chose jugée !... Ah !... Je vais mander sur-le-champ les banquiers et les négocians du voisinage.
— Mais avant tout, honorable attorney, faites suspendre l'exécution...
— Oh ! il n'y a rien à craindre !... Nous avons encore plusieurs heures...
Il sonna ; deux domestiques parurent, et il leur donna ses ordres.
En attendant les banquiers et les négocians, l'attorney relut encore son discours, et frappant le journal du revers de sa main, il disait :
— C'est pourtant bien clair et de tout point victorieux, ce que j'ai dit là... mes argumens sont indestructibles !... mes remarques subsistent !...
— Oui, disait le frère ; mais la lettre...
— Oh ! la lettre ! la lettre !... ne précipitons rien... il y avait hier cinq juges, et moi... six magistrats unanimes d'opinion !... nous ne sommes pas six aveugles !... Vous n'avez pas assisté aux débats, vous... mille personnes distinguées y assistaient... il n'y a eu qu'une voix.
— Et les accusés ont-ils avoué leur crime ?
— Non, certes, ils ne l'ont pas avoué... La belle raison !... En voyez-vous beaucoup de criminels de cette espèce ? Ils se font pendre avant d'avouer... c'est le cœur humain.
Les chefs des principales maisons de commerce de Madras arrivèrent bientôt en toute hâte, obéissant à l'ordre qui leur avait été envoyé à domicile. Tous, sans hésiter, reconnurent la main de Mounoussamy.
— Appelez ici toute l'Inde commerçante, dit l'ex-grand-prévôt, et vous entendrez la même chose, honorable attorney !
— C'est possible !... c'est possible ! dit le magistrat... Mais il peut se faire encore que Mounoussamy se soit trompé sur le compte de Goulab et Mirpour... C'était un mari jaloux, qui peut-être...
— Eh bien ! honorable attorney, appelez ici Goulab et Mirpour... Appelez la veuve de Mounoussamy... vous serez toujours obligé de convenir qu'en tout état de choses, il ne faut pas exécuter aujourd'hui Gabriel et Klerbbs, et qu'une nouvelle procédure doit commencer. La lettre de Mounoussamy, lue hier à l'audience, aurait sans doute été de quelque poids dans la balance de la justice... c'est incontestable !
— Non ! non ! cette lettre n'aurait pas détruit l'effet de mon discours... Oh ! il y a un passage tiré de Macbeth... *Tous les parfums de l'Arabie*... si vous aviez vu l'auditoire !... quelle pâleur sur les visages !... Non ! non ! la lettre de Mounoussamy... il ne faut rien précipiter ; je vais envoyer mes ordres au domicile de Goulab et de Mirpour ; je veux voir aussi la veuve du nabab, votre frère. Il n'y a pas de concession que je ne fasse pour vous satisfaire dans vos justes susceptibilités. Mais, croyez-le bien, Gabriel et Klerbbs sont coupables.
— Honorable attorney ! s'écria Talaïperi avec une émotion extraordinaire, ils sont innocens ! Je garantis leur innocence sur ma tête ! Prenez-moi pour ôtage, enfermez-moi dans le fort ; et si ces hommes sont coupables, faites-moi pendre avec eux.
Talaïperi avait un accent si persuasif en disant ces paroles, que l'attorney fut ému lui-même, et qu'il déposa l'*Evening-Chronicle* sur son bureau.
Le magistrat fit ensuite deux ou trois fois le tour de son cabinet, sans dire un mot et les yeux fixés sur le parquet, puis il prit une feuille de papier, la doubla lentement, égalisa les feuillets avec les ongles du pouce et de l'index, et après avoir essayé plusieurs fois sa plume, il écrivit trois lignes dont il avait l'air de méditer chaque mot.
Un *baillif* fut introduit ; le magistrat lui remit un billet pour le gouverneur. Deux *sheriffs-officers* reçurent aussi de secrètes instructions.
— Monsieur Talaïperi, dit l'attorney, des ordres vont être transmis pour faire suspendre l'exécution à demain ; je vois clair maintenant dans l'affaire ; il y a d'autres coupables... quatre au lieu de deux !... j'en tiens deux, je vais saisir les autres dans l'instant. Vous pouvez vous retirer ; la justice vous remercie de votre zèle. Je vous recommande la plus grande discrétion. Il ne faut pas donner l'éveil aux deux complices de Klerbbs et Gabriel.
Et il fit un signe de tête et de main pour congédier Talaïperi.
— Honorable attorney, dit celui-ci en sortant du cabinet, je ne quitte pas votre maison, je reste dans le vestibule, toujours à vos ordres ; mais souvenez-vous bien que Gabriel et Klerbbs sont innocens.
L'attorney fit un signe d'impatience et tourna brusquement le dos à l'Indien.
Une demi-heure après, l'exécuteur des hautes œuvres descendait de son estrade, et rentrait en ville, sans avoir travaillé, ainsi que nous l'avons vu.
L'habitation de Goulab et de Mirpour fut bientôt cernée par une escouade de soldats, ayant en tête quatre *sheriffs-officers*. Les deux Indiens avaient flairé le danger comme des bêtes fauves plus subtiles que les attorneys ; mais on trouva trois Péons, de ceux qui avaient déposé dans le procès. Ils furent conduits chez l'attorney-général, qui était en conférence avec le juge criminel et le gouverneur, lord Cornwallis.
Là, les trois Péons, intimidés par les menaces des magistrats et par l'imposante figure du chef suprême de la colonie, firent des aveux décisifs ; ils dirent que leurs autres compagnons s'étaient embarqués, le matin même, sur un *Kattamaram* qui faisait voile pour Pondichéry, et qu'ils avaient

reçu des largesses de Goulab ; ils racontèrent les événemens de la chasse aux tigres tels qu'ils s'étaient passés, et déposèrent contre leurs propres dépositions ; ils s'avouèrent coupables, en s'efforçant d'atténuer leur crime, et le rejetant sur Goulab et Mirpour qui les avaient séduits avec de l'or et des promesses brillantes. L'attorney-général leur adressa plusieurs questions, tendant à établir la complicité de Gabriel et de Klerbbs ; mais les Péons ne connaissaient, dirent-ils, ces deux jeunes Européens que par le brillant courage qu'ils avaient montré sur les rives du Lutchmi, lorsqu'ils s'élancèrent, seuls, au secours de Mounoussamy, dans le plus terrible des momens.

— Mais, dit l'attorney, c'est sans doute alors que Gabriel et Klerbbs auraient pu assassiner le nabab, puisqu'ils restaient seuls avec lui ?

— Eh ! ils n'étaient pas seuls ! dirent les Péons ; il y avait entre l'Indien et les deux Européens quarante tigres assez forts pour dévorer *Tchina-Patnam* !

— Avez-vous vu aujourd'hui Goulab et Mirpour ? demanda le juge criminel.

— Nous les avons suivis toute la nuit, dans les rues de la ville, et, ce matin, sur la place du Gouvernement. Ils ont disparu lorsque le bourreau s'est retiré ; nous croyions les retrouver à leur habitation, mais ils n'y étaient pas.

— Il est clair comme le jour, dit l'attorney, que ces deux Indiens sont coupables ; mais l'innocence des deux autres accusés n'est pas établie. J'ai dit hier, dans mon discours...

Lord Cornwallis interrompit le magistrat par un léger mouvement de la main, et lui dit, après avoir fait retirer les Péons sous bonne escorte :

— Mon cher attorney, votre zèle est louable, et je l'honore ; mais l'œil le plus clairvoyant peut s'égarer une fois. Écoutez-moi : j'ai reçu ce matin la veuve de Mounoussamy ; j'ai vu les deux prisonniers ; j'ai vu le vieux missionnaire catholique qui a passé la nuit auprès de Gabriel ; j'ai vu Talaïperi, l'ex-grand-prévôt, qui jouit à Madras de l'estime générale ; je connais, de plus, les mœurs de Goulab et de Mirpour, sur lesquels j'exerce depuis longtemps une surveillance particulière. Eh bien ! d'après tout ce que j'ai appris, tout ce qui m'a été confié, tout ce que j'ai vu, tout ce que je sais, je n'hésite pas à déclarer que Gabriel et Klerbbs sont innocens, et que cependant hier, un tribunal a pu les croire coupables. Les annales de la justice offrent cent exemples de ce genre. Il faut se résigner à la légère contrariété de reconnaître l'erreur.

Le juge criminel approuva, par un geste non équivoque, les paroles du noble lord. L'attorney fit un mouvement de bras et de tête qui signifiait tout ce qu'on voulait, mais on aurait pu voir, un instant après, à la contraction de son nez vulturnien, qu'une violente colère avait été refoulée au fond de son cœur par la suprême parole de lord Cornwallis, ce roi de Coromandel.

Une bonne heure après cet entretien, Talaïperi, muni d'un ordre du juge criminel, également revêtu de la signature du gouvernement, se rendit à la prison, où déjà deux *shériffs-officers* avaient signifié au geôlier la sentence d'élargissement.

Klerbbs et Gabriel, rendus à la liberté, furent conduits par Talaïperi chez le gouverneur, qui leur adressa de nobles paroles.

— Croyez bien, messieurs, leur dit-il à la fin de leur entretien, que je suis prêt à faire tout ce qui est en mon pouvoir pour vous faire oublier les cruelles angoisses de ces derniers jours. Venez souvent à mes soirées de réception, je veux vous serrer la main affectueusement devant la haute société de Madras ; et souvenez-vous que je serai heureux de vous rendre un service de quelque nature qu'il soit, aujourd'hui ou dans l'avenir.

Les deux jeunes gens, émus jusqu'aux larmes, se confondirent en actions de grâces, et sortirent du palais avec Talaïperi.

Un palanquin élégant, ou *tandigel*, traîné par deux bœufs blancs, de la race de ceux qui franchissent en quinze heures les trente-trois lieues de Madras à Pondichéry, stationnait sur la place, avec les deux *Boués* ses conducteurs. Talaïperi montra le palanquin aux deux Européens, en les invitant à y prendre place.

— Où nous conduisez-vous, notre noble ami ? demanda Klerbbs.

— A notre habitation de Tinnevely, répondit l'Indien.

— C'est passer de l'enfer au paradis, dit Gabriel.

— Vous vous trompez, dit l'Anglais à l'oreille de Gabriel ; je crois que vous ne ferez que changer d'enfer.

Gabriel soupira profondément et ne répondit que par un silence expressif.

Comme le palanquin traversait le pont des Arméniens, Talaïperi montra l'habitation de Goulab aux deux amis ; elle était toujours cernée par des soldats, et, malgré l'éloignement, on pouvait distinguer, par les larges croisées ouvertes, des groupes d'officiers de police qui continuaient leurs perquisitions.

— Oh ! dit Talaïperi en allongeant le bras hors du palanquin, cherchez, cherchez l'éléphant, vous ne le trouverez pas ; il faut d'autres yeux pour le voir et d'autres mains pour le saisir !

Gabriel et Klerbbs, bercés par le palanquin, et vaincus par le sommeil, après plusieurs nuits d'insomnie brûlante, s'étaient endormis profondément.

VI.

L'HABITATION DU LAC.

Dans cette vie, il ne faudrait jamais revoir ce qu'on a vu avec plaisir une première fois. Le retour est fatal. L'homme le plus heureux serait celui qui marcherait toujours devant lui, à travers les neuf mille lieues qui cerclent notre petit globe, en disant des adieux éternels à tous les bonheurs de surprise qu'il rencontrerait.

Rentré à l'habitation du lac, Gabriel n'y avait rien trouvé de ce qu'il attendait. Héva était absente ; elle passait dans une modeste maison de Madras les premiers mois de son veuvage, et ne recevait d'autre visite que celle de son beau-frère Talaïperi. L'opulence qui éclatait dans la maison de campagne de Mounoussamy avait disparu avec le maître. Plus de grands festins, plus de convives, plus d'amour, plus de gaîté. Un silence de mort régnait aux appartemens inférieurs ; les oiseaux passaient entre les lames des persiennes ; des guirlandes de fleurs desséchées tombaient des kiosques comme des chevelures de désolation ; les gerbes d'eau ne dépassaient plus le marbre des bassins. L'Eden avait perdu son Eve.

Gabriel et Klerbbs, grâces aux bontés de Talaïperi, auraient pu se croire les maîtres de cette maison. Le sage Indien voulait, par la plus large hospitalité, leur faire oublier des nuits et des jours bien cruels, et honorer, en même temps, le courage qu'ils avaient montré sur les rives du Lutchmi, quand ils se précipitèrent héroïquement au secours de son frère.

Le nombre des domestiques attachés au service de l'habitation n'avait pas été diminué ; mais presque tout le personnel en était changé ; quelques Indiens, d'une fidélité éprouvée, avaient échappé seuls à cette épuration. Des serviteurs anglais remplaçaient les Péons douteux ou traîtres. L'intelligence qui avait présidé à l'établissement de cette nouvelle domesticité témoignait assez de l'intérêt qu'Héva portait encore à cette maison, et Gabriel en concluait que la belle veuve quitterait les ennuis de Madras lorsque les convenances le permettraient.

Les deux amis, servis par un vingtaine de domestiques, menaient une vie assez monotone, la seule qui ressemble au bonheur. Klerbbs songea sérieusement à remplir le but de sa mission scientifique, et il consentit à visiter, assis dans un fauteuil, la vaste bibliothèque de Mounoussamy, pour y découvrir l'Histoire des Malabars. Gabriel allait à la chasse au Touraco dans la vaste forêt qui s'étendait de la terrasse de la maison à la montagne. Souvent le jeune savant, aventuré sur les hauteurs du Tinnevely, jetait un regard mélancolique sur la double haie de grands arbres qui ombragent la route de Madras, et dans chaque plainte du vent il croyait reconnaître le bruit sourd des roues du *tandigel* qui devait ramener Héva sous les douces et flottantes arcades de ses néfliers du Japon, et devant les volières aux treillis d'argent, où mille oiseaux dorés appelaient leur jeune maîtresse au lever du soleil et au tomber du jour.

Un matin, Klerbbs descendit de son appartement en habit de voyage, et fit ses adieux à Gabriel. Il partait, disait-il, pour visiter la province du Carnatic et passer quelques jours à Tranquebar. D'après de nouveaux renseignemens, il comptait découvrir dans cette excursion le manuscrit de l'Histoire des Malabars. Gabriel ne pouvait accompagner son ami : son destin était lié désormais à cette habitation solitaire, que la présence d'une femme devait peupler bientôt de toutes ses grâces, de tous ses enchantemens.

— Mon voyage ne sera pas long, dit Klerbbs, en serrant les mains de Gabriel, et pour l'abréger encore je ne me donnerai aucune peine pour trouver ce que je cherche. Malheur à qui cherche! il ne trouve jamais. Je me laisserai découvrir par l'Histoire des Malabars. Adieu, et ne chasse jamais aux tigres.

— Adieu, Klerbbs, dit Gabriel; reviens-moi bientôt, et écris-moi. A ton retour, tu me trouveras peut-être fiancé.

— Mon cher ami, dit Klerbbs en montant à cheval, je crains que la belle veuve ne se soit brûlée incognito sur le tombeau de son mari, selon l'usage indien.

Les mains des deux amis s'agitèrent quelque temps encore pour échanger de loin des saluts, et Klerbbs disparut au galop dans les massifs d'ébéniers.

Gabriel recommença une vie d'isolement qui ne pouvait lui donner aucune distraction salutaire. Chaque jour, il se préparait à voir levée, à l'horizon de Madras, l'étoile d'amour attendue, et chaque soir, lorsque les ténèbres couraient avec les bois autour du lac, comme un rempart d'ébène, et que les solennelles harmonies des nuits indiennes s'élevaient dans de mystérieux lointains, il sentait que l'espoir conçu à l'aurore, sous des nuages de rose, s'échappait avec le dernier reflet du crépuscule, éteint à l'horizon de la mer. Le jeune homme comprenait qu'il y avait autour de lui une atmosphère de doux poisons, et devant lui un avenir assombri de toutes ses incertitudes ; mais il n'avait pas la force de fuir. Il était oppressé par un souvenir d'amour contre lequel il n'y a plus de résistance secourable. Voir une jeune et belle femme dans quelque bourgeoise et froide résidence d'une ville d'Europe, dans une étroite cage de maison ; la quitter par un escalier gluant ; penser à elle sur le pavé pluvieux d'une rue bruyante, et l'oublier le lendemain, c'est ce qu'il est aisé de faire, et ce que tous les hommes ont fait. Mais il renaît de lui-même, comme le foie de Prométhée, l'amour qui éclata dans un festin, un soir, sous des étoiles sereines, dans le ravissement d'un paysage inconnu, au milieu des parfums qui montent de la terre au ciel, au milieu des fleurs qui jouent dans les cheveux de la femme, au milieu d'une fête qui vous enlève à la réalité de ce monde et vous fait toucher votre plus beau rêve. Un pareil souvenir ne s'évapore plus. Toujours, dans les ennuis qui sonnent avec les heures, on revoit ce festin, ces étoiles, ces fleurs, cette fête, tout ce cortège étincelant qui s'unit à la femme aimée, et fait corps avec elle, et l'élève si haut dans le délire de la passion, que toute autre femme semble n'être plus que l'ombre dérisoire de cette reine, qui porte avec elle toutes les joies du ciel et de la terre.

Gabriel, seul maître de cette maison, retrouvait à chaque pas devant lui la femme absente et adorée. Il y avait partout de délicieuses négligences, de charmans caprices qui attestaient le passage d'Héva; et le Lori familier, qui déployait ses ailes peintes sur le perchoir d'érable, trompé lui-même par toutes les brillantes fantaisies amoncelées au salon sur les laques et les émaux de Chine, entonnait un chant de joie, et secouait gracieusement sa jolie tête pour demander un baiser à des lèvres de corail. C'était partout un éblouissant chaos de toutes les futilités heureuses qui s'embaument aux mains de la femme ; des éventails semés d'oiseaux bleus, s'échappant d'un kiosque chinois ; des nuages de broderies, délaissés avec une adorable nonchalance ; des vases du Japon, sur lesquels une main folâtre avait noué, au couvercle, un nœud de rubans sur la véritable tête de Brahma; des cristaux, à vives arêtes, dont la gueule évasée laissait tomber des tulipes flétries ; des dieux de porcelaine à demi brisés ; un échiquier, avec toutes ses pièces renversées dans un accès de colère enfantine, sous le coup d'un *mat* trop précoce. La main d'Héva était partout; absente, elle habitait sa maison.

Le beau-frère d'Héva, le sage Talaïperi, quand il revenait de Madras à l'habitation du Lac, disait quelquefois à Gabriel :

— Nous sommes vraiment désolés de ne pas pouvoir vous donner quelques distractions, quelques amusemens de campagne, mais vous comprenez mieux que personne notre position ; l'habitation est en deuil. Cependant le Temps, ce Dieu qui console, vous fera, j'espère, de meilleurs jours au sein de notre famille et de quelques bons amis.

Gabriel répondait que cette solitude était pour lui pleine de charmes; qu'il pouvait y exercer royalement sa passion favorite, la chasse, et qu'ensuite, il trouvait deux excellens remèdes contre l'ennui, l'étude et la méditation.

Sur ces entrefaites, Gabriel reçut une lettre de Klerbbs ; elle était ainsi conçue :

Tranquebar, juin 18 .

« Mon cher Gabriel ,

» Je n'ai pas encore eu le bonheur de trouver l'Histoire des
» Malabars, il est vrai que j'ai eu le malheur de la chercher.
» J'ai fouillé la province du Carnatic, et la pagode de Vil-
» nour, qu'on m'avait désignée comme une bibliothèque d'his-
» toires indiennes. Fiez-vous aux renseignemens ! la pagode
» de Vilnour est en ruines ; ce n'est plus qu'un recueil de
» serpens. Décidément, je ne cherche plus.

» L'autre jour, une société de jeunes Anglais m'a proposé
» de faire la septième dans une chasse aux tigres , sur les
» bords du fleuve Caveri. Il y a, tout près de Tranquebar,
» disaient-ils, un vieux fort ruiné, qui est un club de tigres.
» J'ai fait mille remerciemens à ces messieurs. Assez de
» tigres ! n'est-ce pas, Gabriel ?

» Je puis recevoir une lettre de vous, à Tranquebar, et,
» votre lettre écrite, ne m'écrivez plus ; nous nous parlerons
» de près ; cela vaut mieux.

» Votre bien dévoué,

» EDWARD KLERBBS. »

La réponse que fit Gabriel à cette lettre est le récit de quelques événemens survenus la veille à l'habitation du Lac ; la voici :

« Mon cher Klerbbs,

» Votre lettre m'a porté bonheur ; une chose heureuse n'ar-
» rive jamais seule : Héva est ici.

» Hier, au retour de la chasse , à quatre heures du soir,
» deux piqueurs ont fait trembler sous leur galop la grande
» allée de nauclées.

» — Voici madame ! ont dit les domestiques. Talaïperi
» est descendu sur la terrasse pour recevoir la reine du Tin-
» nevely.

» Moi, je n'ai su quel poste m'assigner ; il me semblait que
» j'étais déplacé partout ; j'aurais voulu être sur les arbres ,
» avec les oiseaux.

» Deux palanquins se sont arrêtés devant le *Chattiram*.
» Dans le premier, il y avait les femmes d'Héva ; je n'ai pas
» vu l'éblouissante forme qui descendait du second ; mes yeux
» se sont fermés.

» Quand je les ai rouverts, Talaïperi me présentait à Héva ;
» J'ai senti la terre onduler sous mes pieds : ma poitrine s'est
» gonflée ; ma langue s'est desséchée d'amertume ; mon front
» a brûlé les racines de mes cheveux.

» J'ai balbutié une de ces phrases de présentation qui sont
» admises comme ne devant rien signifier ; la mienne était
» tissue d'anglais, de français, de malais et de hollandais. Je
» n'ai pas entendu ce qu'Héva m'a dit ; mes oreilles sont trop
» grossières pour recueillir la mélodie angélique descendue
» des lèvres de cette femme !

» Cependant, je me suis révolté contre moi-même et j'ai fait

» un énergique appel à mon courage, comme si j'eusse été en
» face d'un extrême péril.

» Oh! j'ai senti que ma destinée était invinciblement liée à
» cette femme, que ma vie était dans elle. On n'a qu'une fois
» des pressentimens aussi lumineux! elle a été faite pour
» moi; un autre l'avait prise contre mon droit; il est mort,
» elle est veuve; l'ordre est rétabli.

» Heureusement, dans ce monde qui l'entourait, personne
» n'a remarqué mon émotion; tous les yeux ne regardaient
» qu'elle; les plus vils esclaves ennoblissaient leurs visages
» en regardant le sien.

» Les autres m'ont enhardi; j'ai levé mes yeux sur elle, et
» je n'ai rien vu qu'elle après. Elle portait une robe de deuil,
» plus rayonnante que la plus belle parure de bal; une gaze
» transparente essayait de couvrir ses bras; son col, dé-
» pouillé de ses ornemens, s'élevait blanc et pur, encadré par
» l'ébène fluide des cheveux et le noir du corsage. Une légère
» teinte de tristesse semblait lutter sur son visage contre le
» sourire près de poindre. Ses yeux n'annonçaient pas trop
» de larmes répandues; ils avaient l'éclat velouté de l'iris et
» la limpidité du diamant. Lorsqu'elle a paru dans la pre-
» mière salle, il y a eu dans les volières une furie de chants
» de joie et un frémissement d'ailes qui l'ont fait tressaillir
» de bonheur.

» Décidément sa tristesse de veuve n'était pas désespérante
» pour moi.

» J'attendais qu'elle me parlât, j'avais soif de ses paroles,
» et pourtant je désirais me confondre parmi ses serviteurs
» qui se sont arrêtés sur le seuil de la salle, et sont rentrés
» dans leurs ténèbres et leur néant.

» Elle s'est assise; elle a dénoué le *madras* à la créole qui
» couvrait le haut de sa tête; elle a pris un éventail et nous a
» priés de nous asseoir à côté d'elle, son beau-frère et moi.

» J'ai obéi machinalement. Un miroir voisin m'a dit que
» j'étais affreux de pâleur. Je n'ai pas eu le temps d'analyser
» mes sensations; je les subissais, en renvoyant mon au-
» topsie morale à de plus calmes momens.

» — Monsieur, m'a-t-elle dit, j'attendais cette occasion pour
» vous exprimer combien je vous suis reconnaissante de votre
» noble conduite sur les bords du Lutchmi, et combien j'ai
» souffert en apprenant la fatale méprise qui vous a donné
» tant de tourmens!

» La confusion de Babel est retombée sur ma langue. Au-
» cun interprète n'aurait pu traduire ma réponse: j'étais ja-
» loux de ces oiseaux qui avaient, pour lui répondre, des
» concerts dignes d'elle, et qui se pressaient aux treillis des
» cages, pour se suspendre à son col d'ivoire, comme un col-
» lier d'émeraudes vivantes et de rubis ailés.

» Heureusement elle a cru que je lui avais répondu quelque
» chose, et elle a ajouté:

» — Votre ami, sir Edward Klerbbs, nous reviendra-t-il
» bientôt?

» — Bientôt, ai-je répondu, comme un écho sec qui ne rend
» exactement que ce qu'on lui donne.

» — C'est un jeune homme digne de toute estime, a-t-elle
» dit en appuyant sur chaque mot; sir Edward a l'esprit fran-
» çais fondu dans le flegme britannique. Mon mari l'aimait
» beaucoup.

» Je sentais que je reprenais mes esprits, et deux mots,
» deux mots bien simples que je dois, hélas! entendre sou-
» vent, m'ont de nouveau bouleversé. Vous ne sauriez croire
» tout ce que j'ai souffert d'aigu et de glacé à ces deux mots
» *mon mari!* ils emportaient avec eux tant de pouvoir d'un
» côté tant de soumission de l'autre!! Je n'aurais jamais cru
» que, dans de certaines conditions, ces deux mots fussent
» aussi désolans.

» L'arrivée de deux étrangers qui suivaient de près le pa-
» lanquin d'Héva, m'a soulagé quelques instans. Ce sont les
» avocats ou hommes d'affaires qui viennent s'établir ici pour
» débrouiller le chaos d'une immense succession.

» Ils étaient à leur aise ceux-là; ils sont entrés comme ils
» entrent chez eux; ils ont salué Héva, ainsi qu'ils auraient
» salué une femme ordinaire. Comment se fait-il que tout
» homme qui la voit pour la première fois ne tombe pas à ses
» pieds.

» Le plus âgé de ces hommes d'affaires a ouvert deux croi-
» sées pour mieux examiner la salle, car le jour baissait. —
» Ceci est très beau, a-t-il dit, très beau!... Toute la maison
» est de même sans doute: c'est du vrai luxe anglo-indien!
» Le mort avait du goût. Mais, dans ce désert, tout cela ne
» vaut pas dix mille piastres; nous en aurions cinquante
» mille aux portes de Madras! Dans un immeuble la position
» est tout... Les dépendances s'étendent-elles bien loin, ma-
» dame?

» — Monsieur, a répondu Héva, il est tard, je suis un peu
» fatiguée, vous causerez de ces choses ennuyeuses avec mon
» beau-frère. On va sonner le dîner dans l'instant.

» Elle nous a gracieusement salués, et je l'ai suivie des
» yeux tant qu'elle a été visible à travers les salles et les ga-
» leries qu'éclairait encore le rayon horizontal du soleil cou-
» chant.

» Excusez-moi, Klerbbs, de vous raconter minutieusement
» tous ces détails; je sais on les écrivant que chacune de mes
» phrases est accueillie par votre sourire railleur; mais je
» vous pardonne votre esprit: j'aime mieux que vous l'exer-
» ciez contre moi que contre un autre; parce que vous avez
» échappé par miracle aux yeux de cette femme, vous avez
» une fierté intolérante; un peu de pitié, je vous prie, pour
» l'ami moins heureux que vous.

» Au dîner, nous étions cinq. La conversation s'était éta-
» blie entre Talaïperi et les hommes d'affaires sur la préé-
» minence commerciale que l'avenir réservait à Calcutta, aux
» dépens de Madras. Les hommes ne savent jamais ce qu'il
» faut dire devant une femme. Je suis sûr que mon silence,
» pendant cette conversation, a été favorablement remarqué
» par Héva. Une femme nous distingue souvent pour la plus
» mince nuance de conduite et d'à-propos. C'est une erreur
» de croire qu'il faut gagner des batailles, et se faire couron-
» ner de lauriers pour plaire à une femme; il faut quelque-
» fois se taire et rester immobile, quand les autres parlent et
» s'agitent à ses côtés.

» Klerbbs, vous devez me trouver bien vain, n'est-ce pas?
» mais il ne tenait qu'à moi de garder mon orgueil au fond
» du cœur, à l'exemple de ceux qui s'appellent modestes. J'ai
» mieux aimé vous envoyer ma pensée la plus secrète, tout
» en relief sur une feuille de papier. Au reste, je me trouve
» si heureux, depuis l'arrivée d'Héva, que j'ai besoin, pour
» ne pas me désespérer, de me savoir gré de la moindre chose
» qui puisse me relever à ses yeux.

» Je vous écris au milieu de la nuit, ma lettre devant partir
» à la pointe du jour. La maison est calme, à cette heure,
» mais cette tranquillité ne ressemble pas à celle de l'autre
» nuit. On sent que la déesse est rentrée au temple; on sent
» que cette vaste habitation a maintenant une âme, que ce
» silence est bruyant, que ce désert est peuplé. Il y a un
» souffle enivrant qui agite les fleurs des kiosques, et le cla-
» vier des persiennes; il y a une animation divine qui circule
» dans l'air et l'embaume; il y a même dans la nature une
» expansion de molles extases qui semblent ne venir du ciel
» que pour moi.

» Adieu, Klerbbs, adieu mon vieux compagnon de deux
» jours. Arrivez! arrivez! je serai plus fort quand je serai
» deux.

» Gabriel N*** »

« *P. S.* Goulab et Mirpour se sont dérobés aux poursuites
» de la justice. On les a vus se pavaner, en costume européen,
» sur le port à Pondichéry. D'autre part, on affirme qu'ils se
» sont embarqués pour Batavia.

» N'acceptez aucune chasse aux tigres; ne vous laissez pas
» entraîner par ces graves loups, vos compatriotes. Oui, vous
» avez raison, assez de tigres; le nom de ces animaux me
» zèbre la peau de lames de feu.

» Mon Touraco blanc est sans doute perché sur le volume
» de votre Histoire des Malabars. »

G.

Gabriel plia cette lettre, et la déposa sur la table à côté de son lit, pour ne pas oublier à son réveil de la donner au Télinga.

Puis, il voulut respirer quelques instans l'air de la nuit et la fraîcheur du lac, et s'accouda sur le balcon de sa croisée, à demi voilée par des réseaux de fleurs grimpantes à clochettes.

Les nuits indiennes ont des attraits incomparables ; elles ont l'éclat des jours septentrionaux, et elles vous invitent à les contempler. Gabriel se laissa mollement entraîner à cette séduction de la nature ; il s'oublia devant cette autre reine invisible qui lui parlait avec ses harmonies, et le caressait avec son souffle embaumé. Des gerbes de lumière douce pleuvaient des étoiles, et couvraient, comme une rosée de gouttes d'opale, la cime déliée des montagnes et des bois : le lac copiait le firmament, et lui renvoyait ses constellations ; mais, sur un côté de ses rives, il semblait garder les ténèbres compactes de la nuit, dans des massifs de plantes fluviales, et dans les abîmes de ses grottes. Le regard, qui ne rencontrait partout que l'enchantement et la grâce, s'arrêtait avec une sorte de terreur sur ce coin sombre et mystérieux du divin tableau d'une nuit du Tinnevely.

Gabriel détournait ses regards de cette perspective effrayante, en accusant soit la nature, qui jette toujours quelque point noir dans son plus bel azur et se complait dans l'imperfection lorsqu'il lui serait aisé d'être parfaite ; puis il laissait encore retomber ses yeux sur ce côté du lac, avec cet instinct dépravé qui pousse l'homme à tout ce qui l'afflige et l'arrache à ce qui lui sourit. A force de sonder ces abîmes de ténèbres, Gabriel crut découvrir quelques mouvemens de feuillages qui n'étaient pas excités par les impulsions brutales des animaux et annonçaient au contraire la précaution calme d'un homme intelligent. Un bruit d'eau sourde accompagna un craquement de branches, et une tête humaine se détacha sur la limite des ténèbres, dans un fond d'azur lumineux et étoilé. Gabriel retint son souffle et s'imposa l'immobilité d'une statue, les yeux fixés sur cette étrange apparition.

La nuit donne aux objets une grandeur indéterminée ; aussi la tête qui se leva d'entre les noires feuilles parut énorme à Gabriel ; un instant il eut l'idée qu'elle appartenait à un éléphant, et son esprit préoccupé de la crainte d'un danger vague se rassura. De tous les animaux qui se cachent la nuit avec une pensée, le plus redoutable, c'est l'homme. Gabriel avait admis l'éléphant, et il se retirait de la croisée pour gagner son alcôve lorsqu'il entendit distinctement une voix humaine qui sortait de cette monstrueuse tête, et qui, réprimée par la prudence jusqu'au ton le plus bas, arrivait encore distincte et terrible dans cette atmosphère transparente qui semble faire vibrer la moindre plainte de l'insecte sous une immense coupole de cristal.

Gabriel vit ensuite dans le petit golfe des massifs ténébreux les eaux se troubler, perdre leurs teintes lumineuses et se hérisser de petites vagues, comme si des corps agiles et vigoureux les traversaient à la nage pour gagner un rivage invisible. Les rameaux sombres que l'apparition avait agités au bord du lac reprirent leur immobilité de rempart d'ébène. Quelque chose de menaçant et de mystérieux venait de s'accomplir là, mais il n'était donné à personne de le comprendre : ce secret s'était plongé dans les abîmes de la nuit et du lac. Gabriel ne détacha plus ses yeux de ce coin du tableau. Il se posa comme une sentinelle vigilante pour garder le sommeil d'Héva, et cette pensée lui donna des frissons de joie. A l'aube, il descendit sur la terrasse dès qu'il vit les jardiniers sortir de la ferme, leurs instrumens sur l'épaule ; il aborda le premier qui passa devant lui, et après lui avoir fait quelques questions insignifiantes, il lui demanda des nouvelles de ce troupeau d'éléphans privés qu'il avait vu autrefois sur les bords du lac. Le jardinier répondit que la veuve de Mounoussamy les avait donnés au gouverneur, qui les avait placés au jardin zoologique de Madras.

La nuit et le lac gardèrent leur mystère. Gabriel examina de près les massifs de feuillages d'où s'était levée une tête humaine : il vit beaucoup de rameaux brisés à hauteur d'homme et de larges vestiges sur les gazons d'alentour. Il avait eu d'abord l'intention de tout dire à Talaïperi et à Héva, pour attirer leur surveillance sur ce coin de ténèbres et d'embûches ; mais il craignit que la belle veuve ne reprît le chemin de Madras si la campagne ne lui offrait aucune sûreté dans ses nuits. Il adopta l'avis contraire. Il résolut de ne pas révéler cette effrayante apparition et de veiller toujours dans l'ombre, ses armes à la main, prêt à s'élancer vers le lac au moindre signe de danger, à la tête de ses domestiques. Cette idée lui en suggéra une autre ; il regagna sa chambre, rouvrit sa lettre à Klerbbs et ajouta cet autre *post-scriptum* :

« Mon cher Klerbbs, oubliez tout ce que je viens de vous
» écrire, et ne pensez qu'à ces derniers mots : — ARRIVEZ
» NON PAS EN VOUS PROMENANT, MAIS AU VOL DE LA
» VOILE ET DU CHEVAL. J'AI BESOIN DE VOTRE AMITIÉ. »

Il remit sa lettre au Télinga, et trop ému des scènes de la nuit pour songer au repos, il attendit le lever d'Héva sous la colonnade du *Chattîram*, ouverte aux rayons de l'aurore.

VII.

UNE VEUVE DE L'INDE.

Feinte ou vraie, la douleur qui commence avec le veuvage subit chaque jour une décroissance notable, manifestée au moral par des velléités de sourire, et au physique par des nœuds de rubans de couleur modeste. Arrive un jour où quelque parole de gaîté tombe à l'improviste sur une veuve. Soudain un violent effort suspend la douleur, et la sombre dame hasarde un premier sourire d'essai. Une révolution s'opère dès ce moment. Il n'y a que ce premier sourire qui coûte. La robe est chargée de continuer le deuil.

Dans l'Inde surtout, une veuve est si enchantée de ne plus monter sur le bûcher de son mari, grâce à la conquête européenne, qu'elle doit être moins inconsolable que partout ailleurs, les épitaphes exceptées. Nous ne serons donc point étonnés de trouver la belle veuve du Tinnévely dans une phase de consolation assez prononcée quelques jours après sa rentrée à sa maison du Lac. Cependant elle aimait, disait-on, beaucoup son mari. Cela se conçoit encore ; elle s'aimait encore plus elle-même, et une jolie femme, quelque grande que soit sa désolation, craint toujours qu'une désolation trop prolongée ne la vieillisse avant l'âge et n'altère son teint. Elle ne se console pas par indifférence envers le défunt, mais par une tendresse bien naturelle pour sa beauté. On pouvait donc admettre qu'Héva aimait son mari.

Gabriel avait organisé un plan d'attaque assez habile, dans un de ces momens lucides où la passion peut raisonner. Il n'était pas homme à brusquer une déclaration, dès les premiers jours, à une veuve qui aurait pu le regarder comme une insulte à sa robe de deuil. Certainement, il pouvait trouver Didon, mais il craignait Andromaque. Avant tout, notre jeune homme s'était attaché à étudier le caractère d'Héva, en supposant qu'elle eût un caractère, chose rare chez une femme belle, opulente, ennuyée, étourdie, enivrée par un hymne éternel d'adorations. Il voulait aussi laisser supposer qu'il était arrivé graduellement à une passion extrême, et que son amour n'était pas une improvisation d'écolier qui s'éprend de la seule femme rencontrée dans un désert avant de la connaître, et l'oublie à la première distraction. Aussi il adopta une tactique savante, qui consistait à voir Héva seulement aux heures obligées, à l'éviter sans affectation, à la rencontrer toujours comme par hasard, à lui parler avec cette gaîté douce et naturelle qui fait rechercher un homme sans redouter un prétendant.

La scène effrayante et mystérieuse que Gabriel avait entrevue la nuit de l'arrivée d'Héva ne s'étant plus renouvelée, le jeune homme se persuada bientôt qu'il avait été dupe de quelque vision, et sa vigilance s'endormit.

Un matin, Héva descendit au déjeuner avec une robe qui n'était plus le deuil, mais qui n'était pas encore la parure. Elle reçut ce jour-là quelques visites de ses anciens adorateurs européens, convives ordinaires des festins de Mounoussamy. Ces voyageurs sédentaires furent accueillis gracieusement. Héva leur fit comprendre qu'ils pouvaient rentrer chez elle dans leurs anciennes habitudes de commensaux et d'amis. Ils n'étaient pas aussi nombreux que du vivant de l'époux : c'est que la plupart se croyant compromis, au moins par leur lâcheté innocente, dans l'affaire de la chasse aux tigres, n'osaient plus rentrer sur les domaines de l'Indien. Gabriel n'avait pas de rivaux bien redoutables dans cette pléiade de désœuvrés amoureux; cependant il les revit avec peine. Ces hommes apportaient beaucoup d'ennuis avec eux; ils gâtaient le salon et le paysage; ils passaient comme un nuage lourd dans l'atmosphère d'azur où rayonnait Héva.

Heureusement Klerbbs arriva pour animer la scène. On était à table vers le milieu du jour; les convives parlaient bas. Gabriel causait avec Talaïperi sur les avantages qu'on retirait de la coupe des bois d'érable à la lune de juin; Héva causait avec sa perruche de choses plus importantes. On entendit un galop de cheval dans l'allée, et l'ombre d'un cavalier passa comme le vent sur la terrasse de la maison.

— C'est sir Edward Klerbbs! s'écria la belle veuve.

Et comme tous les convives se levaient pour le recevoir, le jeune homme entra, tenant d'une main sa cravache et de l'autre une boîte d'acajou.

On s'aperçut qu'il comprimait un mouvement de surprise en voyant Héva parée d'un sourire charmant et d'une robe de couleur inconsolable. Klerbbs baisa respectueusement la main de la jeune veuve et accepta de grand cœur la place offerte à son côté. Gabriel ne sut comment expliquer une douleur froide qu'il ressentait à la poitrine, et un accès de chaleur qui lui tordait les muscles du col ; il aurait mis volontiers cette double sensation sur le compte du retour de son ami ; mais il y avait quelque chose de trop poignant au fond d'une pareille secousse pour l'accepter dans un sens consolateur.

Klerbbs arrivait de Madras dans un costume de dandy achevé. Il s'excusa gracieusement de se présenter ainsi en habit de voyage, et promit de reprendre l'uniforme des campagnards indiens avant le soir.

— Oui, madame, dit-il en répondant à la première question d'Héva, j'ai fait un voyage délicieux, surtout à la fin, en arrivant. On ne part jamais que pour goûter le plaisir du retour.

— Et la science, sir Edward Klerbbs, où est-elle? dit Héva en souriant et présentant son joli doigt au bec de la perruche.

— La science est en bon chemin, madame : j'ai découvert qu'on peut aller en dix heures de Pondichéry à Madras.

— Avec un bon cheval?

— Avec un mauvais cheval.... voilà la beauté de la découverte.

La conversation s'établissait sur un ton de frivolité joyeuse qui mettait Klerbbs à son aise. Le veuvage était âgé de six mois ; c'est un an dans les pays chauds. Klerbbs jugea la position et le terrain du premier coup. Il adopta des allures lestes et fringantes ; il se mit au niveau de la douleur modérée qui régnait au logis, et ne fut nullement déconcerté par la présence du frère de Mounoussamy, qui lui-même avait un visage consolé. Pourtant la conversation prit bientôt une tournure étrange, surtout aux oreilles de Gabriel ; Héva s'y révéla sous un jour tout nouveau, qui jeta notre jeune amoureux dans de singulières perplexités.

Héva se renversa nonchalamment sur le dossier flexible de son fauteuil et fit cette question :

— Où en êtes-vous de l'Histoire des Malabars? sir Edward Klerbbs?

— Je l'ai, madame, je la tiens.

— Vous l'avez enfin trouvée?

— Non, je l'ai faite.

— En langue indienne?

— Non, traduite de l'indoustani sur l'original.

— Qui n'existe pas!

— Est-ce ma faute, madame, s'il n'existe pas? Peut-on forcer un original à exister? Soyons raisonnable... Ah! madame, je m'aperçois que vous êtes constante : voilà toujours Sliga, votre perruche favorite.

— Toujours, sir Edward ; elle est adorable! elle mord comme un ange.

— Tout votre peuple se porte bien dans les volières, madame?

— J'ai perdu Liza.

— Ah! cette pauvre bête! Liza! qui chantait si bien et qui caressait comme un démon.

— Morte, sir Edward.

— A propos, j'ai vu vos éléphants à Madras : ils maigrissent à vue d'œil ; ils m'ont reconnu ; ils veulent revoir votre lac : l'un d'eux m'a montré de sa trompe six pieds d'eau bourbeuse et il a secoué la tête. — Hélas ! me disait-il, voilà maintenant notre beau lac de Tinnevely ! Je leur ai promis d'écrire au gouverneur pour leur faire creuser un bassin. Vous voyez, madame, que, dans mon voyage, toutes les branches de la science ont été cultivées avec quelque succès.

— Comment donc! mais c'est merveilleux tout ce que vous avez fait en si peu de temps! La traduction de l'Histoire des Malabars, et une visite à mes éléphants!

— Et trente-trois lieues en dix heures!

— Ah! j'oubliais cela! pardon sir Edward ; vous avez fait tant de choses, qu'il est permis d'en oublier une, à la table des matières. Par le serpent *Ananta!* comme disent les Indiens, je ne suis point étonnée que votre départ ait été si précipité, et votre court voyage si long. Eh! mon Dieu, vous aviez le Gange à boire!

— Non, madame, plaisanterie à part, ce petit voyage aura quelque résultat ; vous verrez.

Héva, sur cette phrase, hasarda le premier éclat de rire de son veuvage. Gabriel sourit du bout des lèvres. Les convives étaient ébahis.

— Avez-vous eu quelques aventures amusantes? dit Héva revenue au sérieux.

— J'ai failli en avoir deux. La première à Bangalore ; j'ai eu le projet d'enlever Lakcmi, la statue de la déesse de la beauté ; j'en aurais fait don à la galerie nationale de Londres ; mais sir Wales l'avait achetée et laissée sur place dans sa pagode de Bangalore, où il va la saluer deux fois par jour ; fantaisie d'Anglais! J'ignorais cette circonstance, et croyant que Lakcmi appartenait au public voyageur, je l'avais descendue de son piédestal, et placée sur un *garri* traîné par des bœufs. Je me votais déjà des remercîments au nom de la science, lorsque sir Wales, qui venait faire sa première adoration à Lakcmi, a rencontré triomphant comme Pâris enlevant Hélène. Nous avons eu une discussion fort vive, et un duel au pistolet dans la pagode déserte de Bangalore. J'avais pour témoin la statue de Varahavataram, incarnation de Wichnou en sanglier ; le témoin de sir Wales était Matsyavataram, l'incarnation en poisson. Sir Wales a reçu une balle dans le gras de son épaule, qui est heureusement fort gras. Touché de son malheur, je lui ai replacé Lakcmi sur son piédestal ; il m'a exhibé ses titres de propriété ; je me suis excusé ; nous nous sommes quittés bons amis.

— Et votre seconde aventure, sir Klerbbs?

— La seconde est un secret.

— Ah! vous avez des secrets pour vos amis, sir Edward, ce n'est pas bien!

— Moi! je n'ai point de secrets! Je suis tombé dans le secret d'un autre, voilà tout.

— Quelque belle brahmanesse, au teint d'érable, que vous avez conduite à Madras?

— Oh! vous serez à mille lieues de mon secret, tant que vous ne sortirez pas des brahmanesses!

— Sir Edward, dit Héva en se levant, donnez-moi le bras, et allons respirer un peu de fraîcheur sous les arbres ; on étouffe dans cette salle.

On se divisa deux à deux ; Gabriel seul ne prit aucun compagnon de promenade ; il voulait méditer ce bizarre entretien, si frivole en apparence, et qui semblait cacher au fond une intimité significative entre la belle veuve et sir Edward Klerbbs.

Héva et le jeune Anglais se promenaient d'un pas négligent, et ils avaient l'air de continuer la conversation de la table. Héva marchait avec sa gracieuse nonchalance de créole, son bras suspendu au bras de Klerbbs, et, par intervalles, les boucles de sa chevelure superbe s'agitaient, sous un accès de gaîté triste, comme de petites vagues d'ébène sur l'ivoire velouté des épaules. Klerbbs abattait, comme Tarquin, du bout de sa cravache, la tête des fleurs agrestes qui dépassaient le niveau du gazon. Des éclats de rire mélodieux, que les femmes, dans certaines occasions, puisent à la source des pleurs, retentissaient sous le portique sonore du *Chattiram*.

Gabriel suivait de loin tous leurs mouvemens, et ses lèvres convulsives semblaient vouloir exprimer un monologue de désespoir qui mourait sur elles; devant ses yeux, tous les objets avaient changé de forme et de couleur. Le lac, d'un vert limpide, était plombé comme le Cocyte; les arbres se déguisaient tous en cyprès; un crêpe sombre éteignait les rayons du soleil; la campagne prenait l'aspect d'un cimetière et l'air murmurait des plaintes confuses comme les paroles souterraines des morts!

Enfin, Gabriel éprouva la sensation de l'âme du purgatoire soudainement amnistiée, en voyant le bras d'Héva se détacher de Klerbbs. L'entretien mystérieux était sans doute épuisé. La veuve marchait vers son beau-frère Talaïperi, et Klerbbs vers Gabriel.

Avec une étourderie brusque et feinte, Klerbbs serra les mains de son ami, qui se les laissa serrer, et lui dit:

— Enfin, mon cher Gabriel, nous voilà l'un à l'autre. C'est pour vous que j'arrive, et j'ai failli voir tomber le jour sans vous parler..... Eh bien! quelle étrange figure avez-vous?..... Vos mains sont froides, avec trente-trois degrés Réaumur!.. Voyons... parlez... Pourquoi m'appeler du fond du Coromandel pour me tendre une main glacée et garder un silence de fantôme?

— Sir Edward, êtes-vous mon ami? dit Gabriel d'une voix qui cherche la respiration à chaque syllabe.

— En doutez-vous?

— J'en douterai, si vous me refusez ce que je vous demande.

— Demandez, demandez.

— Il faut que vous partiez sur-le-champ.

— Ah! pour le coup! laissez-moi rire un peu... C'est pour cela que vous m'avez appelé?... Pour me congédier!... Mais songez que j'ai fait cent-vingt lieues tout d'un trait! Êtes-vous fou, Gabriel?

— Oui.

— Mon Dieu! quel *oui*! Comme vous avez dit ce *oui*! Je voudrais prendre ce *oui*! et l'empailler pour le donner à Talma!

— Sir Edward, voudriez-vous avoir la bonté de parler une minute sérieusement?

— Je veux bien.

— Savez-vous que j'aime cette femme, sir Edward? que je l'aime d'un amour effréné, comme on doit aimer dans ce pays et avec ce soleil? d'un amour qui s'est formé de toutes les passions que le ciel de l'Inde a versées dans ce désert, et qui n'ont trouvé, depuis la création, que moi pour les recueillir et m'en incendier le cœur!

— Après, Gabriel?

— Consentez-vous à partir maintenant, sir Edward?

— Où voulez-vous que j'aille, Gabriel? J'ai épuisé l'Inde... Voulez-vous me forcer à fonder une seconde ville? Vous savez que cela porte malheur...

— Sir Edward, il y a des limites à la raillerie, entre amis!... dit Gabriel avec une dignité menaçante.

— Donnez-moi votre main, Gabriel, dit Klerbbs affectueusement; vous me croyez votre rival, n'est-ce pas?... Vous êtes dans l'erreur... Un jour, un jour solennel... souvenez-vous-en!.. je vous dis que je n'aimais pas Héva... C'était un de ces jours où l'on ne peut mentir... D'ailleurs, je vous connaissais à peine... Aujourd'hui, je ne l'aime pas plus qu'alors...

— Vrai! bien vrai, Klerbbs!

— Sur mon honneur de gentilhomme, je n'ai jamais aimé cette femme!

— Les apparences sont bien trompeuses, alors!

— Comme elles le sont souvent dans les affaires de la vie, comme elles le sont toujours dans les passions.

— Et pourquoi ne l'aimez-vous pas, cette femme?

Gabriel fit cette question par étonnement et par curiosité; mais au fond de ces deux motifs, il y avait un sentiment étrange et inexplicable. Gabriel voyait quelque chose de vaguement injurieux pour lui et pour Héva dans cette froide indifférence de Klerbbs. On sent quelques grains d'estime dans la provision de haine que l'on porte à un rival : on lui sait gré d'abord de la préférence donnée à la femme qu'on aime, et après on le déteste cordialement.

Klerbbs recula de deux pas devant cette question de Gabriel. Celui-ci la répéta.

— Bien! voilà maintenant qu'il va s'irriter contre moi parce que je n'aime pas son Héva! dit Klerbbs en riant.

— Oui, pourquoi ne pas l'aimer puisqu'elle vous aime?

— Elle m'aime! elle m'aime! dit Klerbbs avec accompagnement d'éclats de rire; où diable avez-vous découvert cela?

— Il faut être aveugle pour ne pas le voir.

— Vous étiez aveugle quand vous l'avez vu, mon ami!

— Klerbbs, vous me trompez avec une adresse infernale; vous avez l'esprit français et le génie anglais.

— Gabriel, ayez confiance en moi. Votre esprit français parle des femmes légèrement et à tout propos; notre génie anglais a plus de réserve. Doit-on, parce qu'une femme est dix fois millionnaire, la ruiner dans sa réputation? Voilà donc ce que vous exigeriez de moi! Heureusement Héva ne peut être ruinée ni dans sa fortune, ni dans son honneur. Remarquez bien, Gabriel, mon geste, mon visage et ma voix sont sérieux... vous doutez encore?... quelle méfiance acharnée!... Voyons, que faut-il faire pour vous mettre à votre aise et vous calmer l'esprit?

— Il faut partir.

— Je partirai... Quand?

— Aujourd'hui.

— C'est bientôt... Gabriel... si vous remettiez mon exil à demain?

— Ce diable d'homme! on ne sait jamais s'il parle sérieusement ou non!

— Gabriel, il faut vraiment que nous ayons été dévorés tous deux par des tigres ou des *attorneys* pour que je me résigne à subir les tortures que vous me donnez depuis une heure! Mon amitié montre une patience à toute épreuve... Gabriel, je vous jure, foi de gentilhomme, que je partirai demain!

— C'est impossible demain!... Si je vous revois encore une fois... deux minutes... votre bras au bras de cette femme... elle riante ou mélancolique, comme tantôt... vous familier, comme un homme heureux... elle, avec cette grâce d'enfer qui damnerait un ange du paradis!... vous, avec ce visage calme qui ne désire rien... Si je vous revois ce soir à table, votre coude touchant le sien, votre pied sur la frange de sa robe; si je vous revois à la nuit tombée, elle et vous regardant les mêmes étoiles, foulant les mêmes gazons, cueillant les mêmes fleurs, respirant les mêmes parfums, je sens que ma pauvre raison ne luttera pas contre mon désespoir; je sens que mon front se brisera, et que malgré moi mes pieds emporteront ma tête jusqu'à vous deux, ma tête avec des yeux sanglans, des lèvres d'écume, des sourires de fou! Klerbbs! sauvez-moi de cette désolation! Partez! partez!

Klerbbs prit les mains de Gabriel.

— Je partirai... dit-il d'une voix dont l'émotion garantissait la sincérité... je partirai, Gabriel... mais, avant de partir, je voudrais au moins savoir pourquoi je suis venu... Vous aviez sans doute un motif quand vous m'avez appelé?... Quelque grand danger?...

Gabriel mit ses mains sur son front comme pour recueillir ses souvenirs.

— Voulez-vous que je vous montre votre lettre, Gabriel?

— Ah!... je me rappelle!... oui... il y avait un danger!... je le croyais, du moins...

— Je l'ai cru aussi, moi... je suis arrivé avec ma boîte de pistolets et en costume de bataille, en habit de bal, pour ne pas être enterré comme un paria, en cas de mort. J'entre, et je vous trouve à table! à table avec Héva! avec Héva que je ne croyais plus revoir... quelque jour vous saurez pourquoi... car, puisqu'il faut tout dire, lorsque je suis parti, Gabriel, c'était sans projet de retour... je comptais ne plus vous ren-

contrer qu'à Paris. J'allais à Tranquebar pour une affaire qui m'occupe depuis mon arrivée dans l'Inde...
— L'Histoire des Malabars?
— Bah! cette histoire est un conte!... Je vais vous dire mon secret... Ce n'est pas mon habitude de dire des secrets... J'allais à Tranquebar pour me marier.

Gabriel fit un bond comme un tigre frappé au front d'une balle.

— Oui, Gabriel, poursuivit Klerbbs. J'épouse la fille du consul anglais, une jeune demoiselle charmante, avec laquelle on m'a fiancé à Londres. Je me désennuyais en courant l'Inde pour attendre la majorité nuptiale de miss Erminia, ma belle prétendue, dont je suis raisonnablement fou. Cette ancienne passion m'a sauvé d'Héva. Maintenant vous savez à peu près tout. Êtes-vous content? Non, pas encore?... Voulez-vous voir vingt lettres de mon futur beau-père, sir Douglas W..., consul à Tranquebar? Voilà mon portefeuille... lisez... Voulez-vous voir le portrait de ma femme à douze ans? une miniature de Swift? la voilà sous mon jabot de batiste, en épingle : un portrait pas plus grand qu'un *half-crown*. Voulez-vous voir miss Erminia, ma prétendue? venez à Tranquebar; ce n'est qu'à trente lieues de Pondichéry; vous connaîtrez une ville curieuse : les Indiens la nomment *Taraganbouri, la ville des ondes de la mer !* Voulez-vous danser à mes noces? venez le 24 juillet prochain, vous signerez au contrat.

— Klerbbs, dit Gabriel profondément ému, s'il y a au monde une amitié sainte, c'est la nôtre; elle a été contractée dans une nuit formidable; elle fut écrite en caractères d'étoiles dans le ciel; elle était vieille d'un siècle le lendemain. J'ai foi dans cette amitié. Excusez mes doutes, ils sont le triste fruit d'un amour qui, dans son délire, méconnaît l'amitié... J'ai été injuste... oui, vous avez besoin de repos... vous partirez demain...

— Bien! vous me donnez un sursis.. je vois que je n'ai encore gagné que la moitié de votre confiance.

— C'est elle! c'est elle maintenant que je crains!... une femme jeune, vive, capricieuse, passionnée, libre, maîtresse de ses actions...

— J'entends, vous redoutez une scène à la Putiphar... eh bien! nous ne nous quitterons plus jusqu'à demain... Vraiment, vous avez un visage d'agonie; je veux vous ménager un convalescent; je veux mettre du luxe dans la complaisance de mon amitié. Je ne verrai qu'avec vos yeux, je ne marcherai qu'avec vos pieds, je ne dormirai qu'avec votre sommeil. Est-ce assez?

— Non.

— Ah! Gabriel, vous mettez du luxe dans votre exigence.

— Mon Dieu! est-ce ma faute à moi si je sens toujours bouillonner mon sang au souvenir des regards qu'elle vous a lancés! au souvenir de son cri de joie qui saluait ce matin votre arrivée.. Klerbbs, donnez-moi la preuve, accordez-moi une dernière faveur : rompez violemment avec cette femme, je veux que vous ayez le courage d'être son ennemi.

— Donnez-moi un plan d'attaque.

— Vous savez combien elle aime Sliga, sa jolie perruche...

— Oui... elle n'aime que cela...

— Je vais la tuer sur son perchoir...

— Pauvre bête!

— Et quand Héva désolée demandera l'auteur de ce crime, vous direz : C'est moi!

— Gabriel, c'est votre dernière exigence, n'est-ce pas?

— Oui, Klerbbs.

— Je dirai : C'est moi!... mais, pour ne pas mentir, je vais moi-même tuer l'oiseau.

Et Klerbbs fit quelques pas résolus dans la direction de la maison; Gabriel le retint vivement.

— Je suis content, dit-il, je tiens votre dévoûment pour accompli. Laissons vivre Sliga...

— Avouez, Gabriel, que vous êtes aussi un peu jaloux de la perruche...

— Je suis jaloux de tout; jaloux de la fleur qu'elle touche, de l'arbre qu'elle regarde, du hamac qui la berce, de l'air qui l'environne, de la brise qui joue dans ses cheveux, de l'Indri qui lutine avec elle; jaloux de tout ce qui lui donne un sourire, une larme, un bonheur!

— Alors, mon cher Gabriel, remerciez les tigres! Eh! que deviendriez-vous, mon pauvre ami, si son puissant mari vivait encore? Avec un peu de raison, Gabriel, on se console de la jalousie de l'arbre, de la fleur, de la brise, de l'oiseau; mais un mari! un mari!... vous seriez mort étranglé par le désespoir!

— Mort!

— Que les tigres soient bénis!... Maintenant, Gabriel, il faut que je vous donne le secret de mon dévoûment pour vous, car ce dévoûment vous paraîtrait fabuleux si vous aviez votre sang-froid. Il n'est sorte de service que je ne sois prêt à vous rendre. Si j'aimais Héva, je vous l'aurais sacrifiée ; jugez de mes dispositions à votre égard. Vous m'avez tantôt rappelé la terrible nuit qui commença notre amitié; vous n'avez oublié qu'une chose, un cri, un seul cri d'héroïsme, un cri élancé de votre poitrine avec un accent de vérité sublime qui vibre encore dans mon cœur. Vous l'avez oublié, vous?

— Probablement...

— C'est bien esprit français de l'oublier, c'est bien génie anglais de s'en souvenir. Toujours donc je me rappellerai cette scène de l'arbre du Lutchmi, lorsque vous vous écriâtes, les mains dans vos cheveux et les yeux étincelans de courage : — Oh! *il faut le secourir à tout prix!*... Celui que vous vouliez secourir, c'était le mari d'Héva!

— Encore aujourd'hui, s'il vivait, j'irais le secourir dans le même danger. Il me semble que tout cela est fort naturel... N'avez-vous pas fait la même chose, vous?

— Moi! je vous ai retenu! Je ne me sens pas assez d'héroïsme pour affronter tous les tigres du Bengale au bénéfice d'un mari indien. J'adore à genoux celui qui le fait, mais je ne l'imite pas. Or, maintenant, s'il y a un homme digne d'Héva, c'est vous; oui, vous avez gagné ce paradis.

— En attendant, je suis à l'enfer.

— Patience! mon cher damné, tout finit dans ce monde, même le malheur... Assez de lamentations aujourd'hui... notre absence sera remarquée... rentrons, Gabriel... Me permettez-vous, mon ami, de proposer une partie d'échecs à votre Héva?

— Non.

— Quel *non* sec! C'est l'élixir du despotisme en trois lettres... Ah! je vois qu'il vous reste encore au cœur une ombre de défiance... je veux l'effacer... Gabriel, vous croyez qu'Héva m'aime... vous le croyez?... Eh bien! Héva me déteste; en voici la raison : je suis le seul homme qu'elle n'a pas enchaîné à son palanquin. Elle m'a prodigué les agaceries en pure perte; elle m'a donné de ces regards qui font mourir et j'ai vécu; elle a chanté à mes oreilles des mélodies de sirène, j'étais sourd. Si j'eusse donné dans le piège, elle aurait, le même soir, mêlé mon nom aux éclats de rire qui réjouissaient son mari. Je n'ai pas voulu donner ce plaisir à l'un et à l'autre ; mais Héva, l'orgueilleuse, a regardé ma froideur étudiée comme une insulte à ses charmes toujours victorieux; elle n'avait point d'amour à me donner, elle m'a donné de la haine. Ce matin, elle a cru que mon retour était un repentir : mon langage l'a détrompée. Enfin, elle m'a retiré sa haine pour me donner son estime, là, tantôt, en tête-à-tête sous les arbres, lorsque je lui ai dit mon secret, mon mariage et mon ancienne passion pour miss Erminia. Cela donnait pleine satisfaction à son amour-propre de coquette, et elle m'a quitté joyeusement avec ces mots : — Ah! sir Edward, si votre cœur eût été libre, vous m'auriez aimée! — Adorée à genoux! lui ai-je dit. Et vous l'avez vue courir comme une gazelle vers son beau-frère Talaïperi.

Le rayon du sourire et l'éclat de la jeunesse reparurent sur le visage de Gabriel. Les deux amis échangèrent encore quelques paroles affectueuses, et se dirigèrent vers l'habitation.

Comme ils traversaient la terrasse, un des amoureux espagnols, dont le nom avait quatre noms et trois Y, les aborda tristement et leur dit :

— Vous ne savez pas la nouvelle, messieurs?

— Nous ne savons pas la nouvelle, répondit Klerbbs.

— La voici : les deux hommes d'affaires de madame arrivent à l'instant de Madras, et ils annoncent la décision du conseil colonial. Toute la fortune de Mounoussamy appartient au frère. Héva n'aura rien, pas même sa dot!

— Héva est ruinée! s'écria Gabriel transporté de joie. Oh! tous les bonheurs m'arrivent aujourd'hui!

— C'est un coup de politique anglaise, dit l'Espagnol, qui ne fit aucune attention au cri joyeux de Gabriel; c'est un coup de juge anglais. On a voulu assurer la plus grande fortune de l'Inde contre les caprices d'une femme, et la maintenir sur la tête d'un Indien dévoué qui sera naturalisé anglais au premier jour. Quelle injustice! même la dot!... On dit qu'il n'y a pas eu de contrat.

— C'est sagement jugé, dit Klerbbs, j'approuve la décision.

L'Espagnol regarda Klerbbs fixement et courut annoncer la nouvelle à ses compagnons d'infortune amoureuse.

— Maintenant, dit Gabriel à Klerbbs, je suis à mon aise vis-à-vis de la belle veuve. Ma délicatesse est en bonne position. Je tremblais à l'idée qu'elle ne prît mon amour pour une spéculation d'aventurier. Ce soir même, je brusque ma déclaration. Qu'en pensez-vous?

— Oui, le moment est favorable. Si elle vous ménage un tête-à-tête, prenez l'occasion aux cheveux.

En entrant dans le vestibule, ils trouvèrent Talaïperi et les deux hommes de loi qui s'entretenaient à voix basse de l'affaire de l'héritage; Héva, nonchalamment étendue sur un divan, souleva sa tête et leur dit : — Messieurs, voilà une heure que vous murmurez des phrases ennuyeuses à mes oreilles. Allez dire aux juges coloniaux qu'ils sont des sots, et que tout est fini.

Puis, s'adressant aux deux jeunes gens, elle leur dit, d'un ton de gaîté charmant :

— Messieurs, félicitez-moi, je viens de perdre dix millions... Voulez-vous les jouer aux échecs, sir Edward?

— Madame, dit Klerbbs, je ne suis pas assez riche pour faire votre partie, il vous reste votre grâce et votre beauté. Si j'étais le Pérou, je me jouerais contre ce reste de votre fortune.

— Et le Pérou perdrait! sir Edward.

— Tant mieux pour le Pérou! il serait bon à quelque chose, au moins. Je ne refuse pas de faire votre partie, madame, mais vous gagnez avec une promptitude désespérante pour moi. J'ai l'honneur de vous proposer un adversaire plus digne de vous... mon ami Gabriel. Il a joué avec Deschapelles à Paris, et avec le brahmane Tiéki à Djagrenat.

— Et j'ai perdu, dit Gabriel en s'avançant de quelques pas avec une vivacité déguisée en nonchalance.

— Ah! dit Héva, monsieur a joué avec Deschapelles! quel avantage vous faisait-il?

— J'en rougis, madame, il me donnait la pièce.

— Mon oncle, le grand juge de Batavia, recevait de M. Deschapelles le pion et deux traits. Ils ont joué à Anvers. Voulez-vous bien placer vos pièces, monsieur Gabriel... vous mettez votre reine noire sur la case blanche!... vous êtes distrait... vos pions ne sont pas en ligne... bien maintenant!... à vous le trait, monsieur Gabriel, je suis chez moi... ah! le gambit de la reine! c'est du nouveau dans l'Inde...

— Mais vous n'intéressez pas la partie? dit Klerbbs.

— Oui, c'est juste... voyons, prenons un enjeu...

— L'honneur? dit Gabriel.

— Quelque chose de moins, dit Héva, et qui ne soit pas si cher.

— Me permettez-vous de faire votre jeu, madame? dit Klerbbs.

— Faites, sir Edward.

— Si Gabriel perd, il vous écrira un madrigal dans cette langue française que vous aimez tant; si vous perdez, vous lui donnerez votre perruche qu'il aime tant.

— Accepté! dit Héva.

— Je vais préparer une cage pour Sliga, dit Klerbbs.

— Oh! dit Héva, sir Edward, ne faites pas tant le fanfaron pour le compte d'autrui... Échec au roi!

— Déjà! dit Klerbbs; au quatrième coup, vous avez, madame, des prétentions au mat?.. C'est le coup du berger!.... il n'est pas neuf!... c'est un berger indien qui l'a inventé.

— J'ai perdu! dit Gabriel.

— Mais c'est une surprise! dit Héva, recommençons.

— Je ne sais pas jouer, dit Gabriel en riant; vous le voyez.

— Alors payez, dit Klerbbs, voici mon crayon et du papier de Chine.

Gabriel écrivit alors ce sonnet :

A UNE BELLE VEUVE.

Partout j'ai promené ma fortune inconstante!
J'ai franchi, du cap Horn aux glaces des Lapons,
Les mers sur les vaisseaux, les fleuves sur les ponts;
Bien des nuits j'ai dormi sous l'arbre et sous la tente.

Polaires océans où tombent les harpons,
Blancs déserts sablonneux, solitude éclatante,
Tout m'attire et me plaît, toute zone me tente.
Dès qu'un pays lointain m'appelle, je réponds.

J'ai vu l'Américain noir et nu dans sa case;
Cent fois, comme d'habit, j'ai changé de climat;
J'ai bu l'eau du Niger, du Nil et du Takaso.

J'allais chercher l'amour aux harems du Caucase;
La reine de ces lieux, me fixant sur ma case,
Avec ses beaux yeux noirs m'a fait échec et mat!

— C'est charmant, monsieur Gabriel! dit Héva en prenant le papier, laissez-moi le relire.

— Ce serait assez bon à Dromtheim, dit Klerbbs, chez l'évêque d'Islande, qui est le premier joueur d'échecs des pays froids; mais, au cœur de l'Inde, ce n'est pas assez brûlant, mon cher Gabriel.

— Taisez-vous donc, sir Edward, dit Héva, en le frappant au visage avec une tige de réséda fleuri, vous êtes un vilain jaloux. Ces vers sont charmans; sir Edward n'en a jamais adressé de meilleurs à miss Erminia.

— J'attends sa majorité, je respecte les mineures. On est très médisant à Tranquebar.

— Monsieur Gabriel, dit Héva, j'allais vous offrir votre revanche aux mêmes conditions, mais voilà mon cher beau-frère qui a son sixième secret d'aujourd'hui à me dire à l'oreille; je comprends son signe. Peut-être veut-il me rendre mes dix millions... Je suis désolée de vous quitter, messieurs, pour dix millions.

Héva se leva et présenta sa main à Gabriel avec une grâce de jeune reine. Le jeune homme, ivre de joie, oublia qu'il avait des lèvres et baisa la main avec le front.

— N'avez-vous pas encore une main, madame? dit Klerbbs en se baissant.

— Allez vous marier! lui dit Héva et elle sortit.

Le rayon qui éclairait la salle s'éteignit devant Gabriel.

Héva ne reparut plus dans cette journée. Le dîner fut triste; elle n'y était pas. On se disait à l'oreille qu'un Indien de la campagne avait annoncé que Mirpour et Goulab, arrêtés à Calcutta, venaient d'arriver prisonniers à Madras, et que leur jugement aurait lieu dans deux jours. Cette nouvelle replongeait Héva dans de tristes souvenirs et recommençait pour ainsi dire son veuvage. Ce soir-ci, on éleva quelques doutes sur la sincérité de la gaîté d'Héva. On joue la joie comme la douleur.

Klerbbs et Gabriel se retirèrent dans leur appartement d'assez bonne heure. Gabriel s'était emparé de Klerbbs, et, sous prétexte de causer avec lui et de fumer jusqu'à minuit, il fut son geôlier.

La nuit était sombre et orageuse. Le tonnerre grondait vers le sud. Les éclairs illuminaient le lac comme un miroir ardent. L'horizon envoyait des rugissements sourds et des échos de foudre. Les deux amis s'accoudèrent au balcon, derrière le rideau flottant de fleurs pariétaires, plongés tous deux dans ce mystérieux silence qui se fait aux demeures de l'homme quand le ciel indien parle aux déserts.

Tout à coup, Gabriel se rapprocha de Klerbbs avec pré-

caution, mit ses yeux dans ses yeux, et détournant la tête, puis s'inclinant du côté du lac, il sembla lui dire :
— Regarde !

VIII.

UNE NUIT DE TERREUR.

Le souffle s'arrêta sur les lèvres de Gabriel. Klerbbs appuya sa tête sur la rampe du balcon, et à travers le réseau des fleurs, il suivit la direction donnée par le signe de Gabriel.

Sur un coin des bordures ténébreuses du lac, et à la lueur rapide d'un éclair, on vit se détacher un profil humain dans un fond lumineux.

En Europe, et dans nos campagnes, presque peuplées comme les villes, une semblable apparition n'exciterait aucune défiance; mais, sur un point reculé de la province de Madras, et à cette époque de la colonisation, la présence d'un être humain, à minuit, dans un désert était effrayante.

L'habitation n'avait pourtant rien à redouter d'un ennemi isolé; elle était même défendue contre les attaques des hommes et des animaux : sa seule porte roulait son bois de fer, à triple couche, sur des gonds de bronze, comme la porte d'une pagode. Les légères persiennes des croisées inférieures cachaient des panneaux de métal, semés de clous, comme les comptoirs des banquiers, à la cité de Londres. Ce système de fortification domestique suffisait pour décourager les Indiens marrons, et les Péons infidèles. Au reste, aux heures du milieu de la nuit, personne n'osait s'aventurer autour de l'habitation. Souvent les tigres, attirés par l'odeur des chevaux et des bœufs, venaient bondir sur les étables, et disparaissaient comme des oiseaux de proie, devant l'immobilité menaçante des portes, qui semblaient les regarder avec leurs soupiraux ronds et illuminés. Les tigres noirs, plus hardis que les autres, s'accroupissaient quelquefois, comme des sphinx, sur les marbres de la terrasse, et promenaient autour d'eux des regards tranquilles et insolens, comme si, pendant la nuit, l'univers leur appartenait. Ces monstres sont les plus effrayans que l'Asie ait inventés : ils regardent l'homme avec une attention étrange, et attachent sur sa face leurs grands yeux, dont les orbes sont d'ébène, avec un cercle de vif argent.

Klerbbs recula dans la chambre sur la pointe des pieds, ouvrit doucement sa boîte à pistolets et revint, armé de deux mains, reprendre sa place au kiosque, après avoir éteint la lampe.

A chaque rayonnement de l'éclair, la sombre et mobile silhouette se dessinait toujours pardessus les masses ténébreuses; et dans ce moment, rapide comme la pensée, on pouvait même voir s'agiter des boucles de cheveux sur le front du fantôme du lac.

Klerbbs mit ses lèvres sur l'oreille de Gabriel, et lui dit, d'une voix si basse qu'elle était presque le silence :
— Un ami ne vient pas, tête nue, dans une nuit d'orage, dans une ménagerie de tigres, prendre cette position au bord du lac.
— C'est juste ! dit Gabriel sur le même ton.
— Donc, c'est un ennemi, dit Klerbbs... Il y a cinquante pas à peu près d'ici au lac... Qu'en pensez-vous ?
— A peu près.
— Je vais le mesurer avec une balle.
— Attendez, Klerbbs... j'entends du bruit dans l'allée de la ferme... les feuilles sèches remuent... c'est ce pauvre Çourà qui a peur de l'orage, et vient demander asile!... Ce chien est intelligent; il a flairé quelque chose dans l'air... il s'arrête..., il allonge son museau vers le lac... il se rapetisse, et marche à plat ventre du côté de l'apparition.

Klerbbs, le pistolet tendu, pressa la détente au premier éclair. Le coup de feu retentit comme un éclat de tonnerre dans cette solitude aux mille échos. Puis un silence de mort retomba sur les rives du lac.

— Voilà un horrible mystère, dit Gabriel; Çourà n'a pas aboyé !

— Oh ! dit Klerbbs, maintenant que le fantôme est tué, descendons et allons le classer. Je n'ai jamais vu de fantôme indien.
— Comment savez-vous qu'il est tué ? dit Gabriel.
— Eh ! n'ai-je pas tiré sur lui ?
— Oui.
— Eh bien ! il est mort.
— Et ce chien ! ce chien qui n'a pas aboyé, qui s'est avancé vers l'apparition et qui ne revient pas... Çourà ! Çourà ! Çourà !...
— Je vais l'appeler, moi, vous allez le voir accourir... il faut prendre la voix du bonze enrhumé... Çourà ! Çourà ! Çourà !... il y a là-bas un écho qui ne dort pas, et qui m'imite parfaitement... Çourà... Çourà ! Oh ! je suis têtu comme un Anglais ! je veux que Çourà vienne ! Quel diable de nom ces Indous donnent à leurs chiens !... Descendons... Avant, je vais recharger mon pistolet. Prenez vos armes aussi, Gabriel. Je vous remercie de m'avoir rappelé de Tranquebar... j'adore ces aventures ! voilà la vie ! Comprenez-vous les gens qui croient qu'on ne peut exister que sur un monceau de boue, détrempé par la pluie, qu'on appelle une capitale du nord de l'Europe ?... Descendons.
— Klerbbs ! Klerbbs ! dit Gabriel, qui n'avait pas quitté le kiosque; mon ami, nous avons fait une sottise, nous nous sommes oubliés; j'entends du bruit dans les chambres. Votre imprudent coup de pistolet a réveillé tout le monde !
— Eh bien ! ils se rendormiront.

En effet, des bruits de pas et des grincemens de croisées se faisaient entendre sur la façade opposée au lac. Gabriel montrait du doigt à Klerbbs la mobile clarté des lampes rallumées qui se réflétait sur les coupoles noires de la forêt voisine.

— Au nom de Dieu ! dit Gabriel, n'effrayons pas Héva ! elle partirait pour Madras, et adieu mes amours.
— Je me charge de lui faire un conte. Vous, ne parlez pas ; vous gâtez tout avec vos distractions d'écolier amoureux.
— Chut ! dit Gabriel, on frappe à la porte de notre chambre.
— Ouvrons, dit Klerbbs tranquillement.

La porte ouverte, Talaïperi entra. Son visage était d'une pâleur horrible, malgré sa teinte bronzée; il avait dans la voix une telle émotion, que les deux amis ne comprirent pas d'abord ce qu'il venait leur dire. Ce ne fut qu'à la seconde explication que Gabriel devina que la belle veuve les invitait à descendre chez elle, à l'étage inférieur.

Klerbbs et Gabriel obéirent avec empressement. Ils franchirent l'escalier d'un bond, et on les introduisit dans une magnifique chambre, où jamais les pas d'un homme n'avaient pénétré depuis la veille de la chasse aux tigres.

Héva était assise sur un lit de repos, dans un négligé adorable; elle avait revêtu, à la hâte, le sari des grandes dames indiennes et noué à son col un châle chinois, peint et léger comme des ailes de papillon. Ses pieds jouaient dans le velours de la sandale des odalisques ; et les boucles de ses cheveux, ramenées confusément en arrière par des nœuds de crêpe et de rubans, laissaient dans un découvert admirable les tempes et le front. Une large et vive flamme, hérissée comme une boucle de chevelure d'or sur la coquille d'un candélabre, éclairait le milieu de la salle et laissait dans une ombre douce et mystérieuse les tentures, les meubles, les ornemens. On ne distinguait que deux tableaux de couleur brillante et pailletée, brodés plutôt que peints par des artistes indiens : l'un représentait la Houri céleste, montée sur un chameau fantastique, qui avait des visages de femme à chaque genou ; l'autre représentait le Souria, le soleil et son conducteur Arouna, dirigeant le char lumineux que traînait un cheval à sept têtes. Un parfum suave comme celui que Ceylan envoie au Coromandel, le soir, quand il ouvre l'écrin de ses coquillages, un parfum de gynécée indien, semblait s'exhaler de l'alcôve et embaumait le temple d'Héva.

En entrant, Gabriel et Klerbbs furent tentés de s'agenouiller. Héva les ramena promptement à des idées terrestres, en leur disant d'un ton aigre-doux :
— Eh bien ! messieurs, vous prenez minuit pour midi ! Que se passe-t-il donc chez moi ? Faut-il rire ? faut-il s'alarmer ?

— Ni l'un ni l'autre, madame, dit Klerbbs. J'ai tué un tigre sur les bords du lac.

Héva fit un mouvement de tête convulsif.

— Un tigre! dit-elle. Ces monstres nous en veulent bien! Il y avait longtemps qu'ils avaient oublié le chemin de ma maison... Ces diables d'animaux comprennent que mon pauvre Samy n'est plus là pour leur ajuster une balle entre les yeux...

Deux larmes brillèrent sur les joues d'Héva; Gabriel les sentit couler dans sa poitrine comme les laves du volcan de la jalousie.

— Madame, dit Klerbbs, je m'offre de grand cœur à remplacer votre mari... pour les tigres...

— Sir Edward, dit Héva d'un ton sec non soupçonné jusqu'à ce moment; sir Edward, il y a des heures sérieuses et des souvenirs qu'il faut respecter!

Klerbbs s'inclina devant la belle veuve, et protesta de son dévoûment et de son affection en termes énergiques et graves.

— Quelle horrible nuit! dit Héva. Mon Dieu! pourquoi n'ai-je pas la force de m'arracher à cette maison!... C'est qu'il y a partout ici, partout... des souvenirs de lui!... Pauvre Samy!... Sir Edward, vous avez été bien étourdi, bien léger... A minuit, un coup de feu!... et sur un tigre!... devant ma maison!...

— J'ai cru, madame, qu'on devait tuer un de vos ennemis à toute heure et partout.

— Savez-vous bien, sir Edward, que chaque nuit, à la même heure, mon sommeil se débat contre un rêve effroyable, un rêve infernal!... C'est un val désert, plein de rugissemens et de bruits de cataractes; c'est un fleuve ensanglanté qui roule des lambeaux d'étoffes d'or et des ossemens rongés; c'est un horrible festin, où le plus puissant des hommes dévore la chair des tigres, où les tigres dévorent ma chair. Et des cris prodigieux, comme des cavernes les pousseraient, tonnent dans les solitudes! et j'entends le râle d'agonie d'un géant écrasé sous un roc! et je me réveille en sursaut, dans des étreintes de bras d'airain, et de larges griffes d'acier, avec des parfums de chair morte à mon chevet, et des souffles rauques à mes oreilles!... Voilà mes nuits... Pardonnez-moi la gaîté fausse de mes jours.

Gabriel et Klerbbs, posés en statues, contemplaient Héva et gardaient un silence plein de pensées étranges. Héva tenait ses grands yeux ouverts et fixes, les bras étendus jusqu'aux genoux, le sein haletant, les lèvres convulsives, comme si elle revoyait encore le songe de ses nuits en se réveillant. Elle parut faire un effort sur elle-même, et se tournant vers les jeunes gens, elle dit :

— Mon beau-frère n'est pas entré avec vous, messieurs?

— Non, madame, répondit Klerbbs.

— Ce bon Talaïperi, il a cru que sa présence me gênerait. J'ai l'amour-propre de déguiser mes chagrins devant lui... je ne sais pourquoi... Sir Edward, ouvrez une croisée, l'air me manque... L'aube tardera-t-elle à poindre?

— La nuit est toujours bien noire, madame... toujours l'orage, sans pluie.

— Oh! oui, je le sens cet orage... Un ciel lourd... Il me semble que des nuages plombés passent sur mon front..... Vous ne voyez rien au bord du lac?

— Rien que des éclairs; dans le lointain, des losanges de feu.

— Sir Edward, avez-vous entendu aboyer Çourà quand vous avez tiré le tigre?

— Non, madame.

— Non!... c'est singulier!... il sent le tigre d'une lieue... Je ne l'ai pas entendu non plus, mon beau chien.

— Il passe la nuit à la ferme, peut-être...

— Sir Edward, dites à l'antichambre qu'on aille me chercher Çourà.

— Oui, madame.

— Monsieur Gabriel, vous êtes bien taciturne.

— Eh! madame, je suis resté dans votre rêve.

— C'est que vous avez figuré noblement dans la réalité! vous avez assisté à cette horrible scène du désert! vous n'avez pas suivi les assassins et les lâches! et, ce qui est encore mieux, vous ne vous êtes vanté de rien, comme votre ami, ce noble Anglais, qui est plus sérieux qu'il n'en a l'air. Je le connais.

— Nous n'avons fait que notre devoir, madame.

— Le devoir est une chose facile que personne ne fait.

— Madame, dit Klerbbs en rentrant, votre chien n'est pas à la maison; Shéti, son gardien, ne l'a pas vu depuis hier au soir.

— Shéti est un négligent qui m'a déjà perdu deux chiens. Je suis...

— Voulez-vous, madame, que j'aille voir à la ferme?

— Oh! sir Edward! à cette heure!... Si quelqu'un de ces monstres rôde encore par là...

— Je le tuerai, madame, et je mettrai sa fourrure aux pieds de votre lit.

— Ce pauvre Çourà... Oh! il n'est pas chien à se laisser avaler par un tigre!... Sir Edward, je suis désespérée de vous dire que je consens; mais je veux que vous soyez accompagné de votre ami.

A ce dernier mot, Klerbbs et Gabriel avaient déjà disparu. Ils ouvrirent avec précaution la porte de la terrasse et la refermèrent derrière eux. Quand ils furent seuls sous les grands arbres, de la ferme, Klerbbs s'arrêta, et croisant sur sa poitrine ses deux bras armés de pistolets, il dit :

— Mon cher Gabriel, il faut que je te parle un instant sans rien dire ; je ne sais par où commencer. Regardons-nous.

Après une longue pause, Klerbbs dit :

— Résumons cette conversation muette. Héva est une femme inexplicable; c'est un fruit de l'Inde. Il est inutile d'aller chercher son chien à la ferme, il n'y est pas. J'ai saisi la première occasion de m'échapper. J'aime mieux un tête-à-tête avec le tigre qui a dévoré le mari qu'avec la femme qui le pleure : c'est moins dangereux... Enfin, pour finir mon résumé, allons voir le gibier que j'ai abattu vers le lac : homme ou tigre, nous l'enterrerons dans quelque grotte pour ne pas effrayer Héva.

— Un moment! dit Gabriel; nous sommes censés aller à la ferme, et nous avons du temps... Klerbbs, cette femme aimait son mari!

— Je le crois, Gabriel.

— Et quel mari! un vieux Indien de trente-cinq ans, laid comme une statue de pagode...

— C'est peut-être nous qui sommes laids!

— Allons donc, Klerbbs, c'est impossible! Elle joue un jeu indien antérieur aux échecs, un jeu que nous ne connaissons pas; elle vise à partager l'héritage du mort.

— Non, Gabriel, tu la calomnies. Elle aimait son mari; je m'en doutais du vivant du nabab, maintenant je ne doute plus. Mais que t'importe cela? Le monde est plein de jeunes veuves qui ont aimé plusieurs maris; au contraire, l'amour qu'une femme a donné au premier garantit celui qu'elle donnera au second. Je voudrais bien que ma future Erminia fût une veuve de cette espèce. Hélas, elle a quinze ans!

— Oh! il est impossible de parler raison avec vous, Klerbbs.

— Venez, venez, grand sage! Allons au lac, Héva nous attend.

Les deux amis arrivèrent bientôt à ces ténébreux massifs de verdure où, deux fois, une tête humaine s'était levée dans la nuit. Ils remarquèrent une large trouée que le chien avait faite violemment pour passer d'un côté. Passant eux-mêmes par la même brèche, ils touchèrent bientôt le sol qui gardait encore les vestiges de l'apparition. De larges traces de pieds humains se reconnaissaient sur le gazon, courbé à des intervalles de pas gigantesques. Klerbbs et Gabriel fouillèrent la haie naturelle du lac, les labyrinthes de verdure, les gerbes touffues de bambous, les écheveaux des lianes, les grottes couronnées de mousses éplorées : ils ne trouvèrent aucun cadavre. De temps en temps Klerbbs disait :

— Je suis sûr de mon coup ; je ne crois pas aux fantômes; ils n'existent pas dans l'Inde. J'ai tué une chose qui vivait. Il me faut un cadavre! ce lac me doit un cadavre; il me le donnera demain.

Après une heure de recherches inutiles, Gabriel entraîna Klerbbs à l'habitation. La porte s'ouvrit au premier coup frappé. Héva vint recevoir les jeunes gens à la porte de sa chambre et les fit asseoir sur un divan. Klerbbs prit la parole.

— Madame, dit-il, nous avons cherché Çourâ dans tous les environs ; nous l'avons appelé à fatiguer les échos... ce pauvre chien !...

Héva poussa un cri terrible, et se dressa convulsivement, comme si un serpent l'eût piquée au pied.

Les jeunes gens se levèrent aussi ; Gabriel, pâle comme un agonisant ; Klerbbs, avec la nonchalance d'un stoïcien, prêt à tout.

Il n'y a pas d'acier mieux aiguisé que le cri d'une femme dans une nuit de terreur.

Héva montrait du doigt de larges et fraîches gouttes de sang sur les habits blancs de Klerbbs et de Gabriel ; elle fit un effort et s'écria :

— C'est du sang humain ! horreur !... Qui avez-vous assassiné ?

Les jeunes gens, sortant des ténèbres de la nuit, et éblouis par l'éclat de la lampe, n'avaient pu remarquer encore ces horribles taches. Au cri d'Héva, Talaïperi entra et s'écria avec un accent de désespoir incompréhensible :

— D'où vient ce sang ? d'où vient-il ? dites !

Klerbbs imperturbable, répondit :

— Je crois deviner : c'est bien simple. J'ai tiré le tigre, je l'ai blessé ; nous l'avons cherché, le croyant mort, et nous avons ramassé dans les broussailles le sang de l'animal blessé.

Gabriel répétait automatiquement avec le geste chaque mot de Klerbbs.

Une éclaircie de satisfaction parut sur le visage de Talaïperi. Héva s'était assise, et elle semblait rassurée par le ton calme et naturel de Klerbbs.

— Oh ! c'est horrible ! dit-elle, je crois retomber dans ce songe fatal de toutes mes nuits !... Il se passe en moi quelque chose d'affreux et d'inexplicable... j'ai peur !... Ôtez ce sang de mes yeux !

Klerbbs et Gabriel se retirèrent pour rentrer dans leur appartement.

Quand ils se furent revêtus d'autres habits, ils envoyèrent un domestique prendre les ordres de madame.

Talaïperi monta lui-même et leur dit :

— Voici le jour, on voit clair dans la campagne ; nous allons accompagner madame aux rives du lac... Il n'y a plus de danger à présent.

— Ne quittons pas nos armes cependant, Gabriel, dit Klerbbs ; le soleil n'est pas levé.

Ils trouvèrent Héva dans le vestibule. Elle secoua la tête et dit :

— Enfin elle est finie cette horrible nuit !

Talaïperi marchait le premier, Klerbbs donnait le bras à Héva, Gabriel fermait la marche.

— Oui ! c'est un tigre ! s'écria Talaïperi en bondissant comme un écolier.

Klerbbs rejeta brutalement Héva en arrière pour la recouvrir de son corps, et il arma ses pistolets. Gabriel fit un saut comme une arche de pont, et tomba à côté de son ami. Talaïperi poussa un éclat de rire en voyant cette fausse alerte qu'il avait excitée sans le vouloir ; et montrant la trouée profonde que le chien avait faite dans le massif de verdure, il dit :

— Voyez, le tigre a passé par là ; en nous courbant un peu, nous passerons comme lui ; et tout près d'ici nous trouverons les traces de sang de l'animal que sir Edward a blessé.

En effet, sur une assez longue étendue de terrain, la verdure gardait des vestiges, incontestables en apparence, et qui prouvaient que Klerbbs avait dit la vérité. Héva serra les mains des deux jeunes gens, et reprit avec eux le sentier de l'habitation.

— Oui, disait-elle, je resterai dans cette maison, malgré toutes les angoisses auxquelles je m'expose. Ailleurs, je le sens, je mourrais d'ennui.

— Madame, dit Gabriel, nous ferons bonne garde.

— Mais, dit Héva en souriant, est-ce que vous restez ici éternellement ?

— Si vous l'exigez, madame, dit Klerbbs, nous y resterons davantage.

— Toujours le même, sir Edward !... Et ce pauvre Çourâ ! qu'est-il devenu ?... Çourâ ! Çourâ !... oh ! Çourâ est perdu sans retour !... Ce bon chien aimait tant mon mari !... Ces infâmes tigres ne nous laisseront pas en repos un jour !...

— Il faut demander un régiment de cipayes à lord Cornwallis, dit Klerbbs, et ravager tous les clubs de tigres, la baïonnette au bout du fusil.

— Messieurs, dit Héva avec un accent de haine que la soif de la vengeance inspirerait contre des hommes et non contre des animaux, messieurs, si j'avais encore ma fortune, j'en donnerais de grand cœur la moitié à celui qui m'apporterait douze tigres tués dans une nuit.

— Mais lord Cornwallis, dit Klerbbs, vous prêtera volontiers...

— Non, je ne voudrais pas employer une armée... ce serait leur faire trop d'honneur ; je voudrais qu'un homme seul fît cela pour moi, en prononçant mon nom, et qu'il me les apportât pour les fouler aux pieds, tous humiliés, cousus l'un à l'autre, douze tigres orgueilleux, déguisés en tapis. Je serais heureuse et triomphante de penser qu'il y en a un dans le nombre qui était à la chasse du Lutchmi, et que j'écrase sa tête, sous ma sandale de femme, à chaque pas, à toute heure du jour.

— Oui, je comprends cela, madame, dit Klerbbs ; c'est bien anglais.

— Vous donneriez la moitié de votre fortune, dit Gabriel ; c'est encourageant.

— Si je l'avais encore, dit Héva.

— Il vous reste l'enjeu que sir Edward mettait à côté du Pérou, hier, à la partie d'échecs.

— Oui, dit Héva, je sens, moi qui ne veux aimer personne, je sens qu'à une époque indéterminée je pourrais donner mon affection à l'intrépide exécuteur de mes volontés. J'ai mon caractère à moi ; j'ai des idées qui m'appartiennent ; je ne sais pas comment on vit en Europe ; je ne connais que les usages de ma nature. Oui, si un homme m'obéissait à ce point, je jure que je le prendrais pour mari... Mais, ajouta-t-elle en souriant, je demande une chose impossible... c'est un caprice de vengeance !... Je suis folle en disant cela ! Excusez-moi.

— Madame, dit Gabriel avec une voix tremblante, vous avez eu une nuit bien agitée. Suivez un conseil que tous vos amis vous donneraient. Allez prendre un peu de repos. Les heures matinales apportent avec elles un sommeil bien doux.

— Le conseil est bon, et je vous le donne aussi, à vous et à sir Edward. Adieu, messieurs ; nous nous reverrons à déjeuner.

Lorsque les deux amis se trouvèrent seuls, Gabriel dit à Klerbbs :

— Mon cher, séparons-nous pour quelques heures ; j'expire d'insomnie. A mon réveil, je t'annonce que je serai fou.

IX.

DOUZE TIGRES POUR UNE FEMME.

— Mon ami, dit Klerbbs à l'oreille de Gabriel encore endormi, tout le monde est debout depuis une heure dans la maison. Ouvrez les yeux. J'ai mon journal du matin à vous lire : il est intéressant.

Le jeune homme dormait de ce sommeil léger qu'interrompt la chute d'un atome. Il ouvrit soudainement ses yeux pour voir et ses oreilles pour écouter.

— Vous m'avez promis d'être fou à votre réveil, dit Klerbbs ; je viens m'assurer d'abord si vous tenez votre parole... Vous êtes fou, très bien ! Maintenant je vous annoncerai que j'ai rencontré ce matin, il y a quatre heures, le brahmane Syali.

— Quel brahmane ?

— Vous n'êtes pas encore bien réveillé... Comment ! vous avez oublié le brahmane qui nous endormit un soir avec les dix incarnations de Wichnou, et qui demeure de l'autre côté de cette montagne, notre voisin ?

— Ah ! ce misérable qui a déposé contre nous dans le procès ?

— Lui-même. Il est tombé dans le chemin de l'habitation, celui qui mène à Madras, au moment où je fumais mon *chiroute* en me promenant. Il voulait m'éviter ; mais je me suis posé en dieu Terme sur la ligne de son cheval. Je lui ai demandé s'il allait faire quelque déposition à Madras, pour donner d'autres Européens au bourreau. Le pauvre homme, tremblant de peur comme un brahmane lettré, m'a dit qu'il allait chercher le docteur Phytian, le premier médecin de Madras, un dévoué philanthrope qui fait des visites dans la campagne à quinze livres d'honoraires par mille. Il n'y a qu'un millionnaire qui puisse se faire guérir par le docteur Phytian. Ensuite j'ai vu que le peureux brahmane éprouvait un vif regret de m'avoir dit cela, et il m'a fait promettre de n'en parler à personne. Je le lui ai promis : aussi je n'en parlerai qu'à vous, parce que vous êtes moi. Il faut tenir ses promesses, même avec les brahmanes. Gabriel, que dites-vous de ma découverte ?

— Je dis qu'il y a un malade à la cabane de Syali...
— Un millionnaire dans une cabane !
— Oui, Edward ; cela paraît suspect...
— Gabriel, cela est clair : la chose que j'ai blessée la nuit dernière d'un coup de pistolet...
— Est un millionnaire !
— Vous y êtes, Gabriel.
— Un millionnaire qui bravait les tonnerres, les ténèbres, les tigres...
— Et moi !... c'est incroyable ! Mais nous ne sommes pas au bout. Écoutez la fin, Gabriel... En quittant le brahmane, j'ai suivi le petit chemin qui traverse la montagne, et je me suis avancé de l'autre côté, assez près de la maison de Syali, pour examiner la physionomie des lieux. Je ne me suis permis qu'un espionnage décent. Savez-vous qui j'ai vu tranquillement assis devant la porte de la cabane ?... devinez ! Courà ! Courà ! notre chien de garde !... Ce chien indien, ne voyant plus aucun de ses compatriotes à l'habitation du Lac, aurait-il donné sa démission et passé au brahmane ?... Le malade est-il un des amis de Courà ?... Le brahmane a-t-il le secret de charmer les chiens comme les serpens ?... A toutes ces questions que je me suis posées, je n'ai pu me répondre rien de satisfaisant. Mais ce chien m'a bien étonné !... Si Goulab et Mirpour n'avaient pas été arrêtés, ainsi qu'on nous l'a dit, je croirais que ma balle a touché un de ces coquins, et que le chien, qui ignore leur histoire, a suivi, par attachement national, un Indien blessé. Quoi qu'il en soit, croyez bien qu'il y a un mystère compliqué au fond d'une découverte si simple.

— Oui, sir Edward, je pense comme vous ; mais suivons notre principe ; ne disons rien à Héva ! rien à Héva ! gardons les mystères pour nous.
— Bien entendu, Gabriel.
— La nuit dernière doit l'avoir singulièrement agitée... L'avez-vous vue, ce matin ?
— Un seul instant... à son balcon... Elle avait sur son visage une pâleur adorable ; je l'ai saluée, et je lui ai montré une lettre que je recevais de Tranquebar... Mon futur beau-père est furieux contre moi. Ces consuls ont une existence mathématique ! Ce beau-père voudrait que j'attendisse l'heure de l'hyménée, comme il dit, aux pieds de sa fille ! Il m'annonce que Tranquebar jase beaucoup sur mon compte, à propos d'une belle veuve, et que mon honneur doit me conseiller de mettre fin aux commérages de Tranquebar ; il se plaint surtout des méchancetés de la société danoise. Les consuls s'ennuient à la mort dans leurs résidences, et ils s'accrochent à tout ce qui peut les secouer un instant. Nous avons des affaires plus sérieuses ici, n'est-ce pas Gabriel ? Voyons, parlons de vous, maintenant : je m'aperçois que votre tour de parler est venu. Parlez.

— Il me faut douze tigres à tout prix, sir Edward.
— Ah ! vous voici à l'article de folie ! douze tigres, je sais, pour Héva : une brochette de tigres. C'est embarrassant.
— C'est même impossible, mais il faut les trouver.
— Il nous faut douze mille francs ; les avez-vous, Gabriel ?
— Pas du tout, il ne faut pas acheter douze tigres ; il faut que je les tue, moi, en plein champ, et que je vienne les déposer, comme un tapis de Perse en douze compartimens, aux pieds d'Héva.

— Douze tigres ! quel cadeau de noces !... Au reste, ce sont les mœurs du pays. A Paris, on vous demanderait un épagneul, une perruche, un serin. Ici la fantaisie a d'autres prétentions. Fausta, la maîtresse de l'empereur Gallus fut plus exigeante qu'Héva : elle échangeait une caresse contre un lion. Au bout de six mois, le préfet d'Afrique épuisa l'Atlas et Barca. Si cette intrigue impériale eût duré six ans, les lions passaient à l'état de sphinx ; il n'y en avait plus... Revenons à nos moutons, quel est votre plan de coup de filet pour ces douze tigres ?

— Ce n'est pas sur moi que je compte ; c'est sur vous, sir Edward. Vous êtes du peuple qui invente, inventez ; vous êtes Anglais, c'est votre métier. Il me faut un piège à tigres ; une grande souricière pour des chats géans. Je vous mets sur la voie ; mais il me faut tout de suite, mon bon Klerbbs. Je suis arrivé à la furie de l'amour ; la dernière nuit m'a brûlé vif. Quelle femme ! Si elle me demandait le monde, je m'embarquerais pour le lui rapporter, en mille voyages, par livraisons. Douze tigres, ce n'est rien.

— D'accord ; mais encore ce rien est difficile à cueillir... Ah ! si mon oncle, sir Edmund, était ici ! quel ingénieur !
— Et où est-il votre sir Edmund ?
— A Manchester. Il a inventé le *silk-embroidery* et le...
— Mais s'il est à Manchester, que m'importe tout ce qu'il a inventé ! je ne compte que sur son neveu, sir Edward.
— Voulez-vous, Gabriel, que je lui écrive pour m'inventer une souricière de tigres ?
— Allons donc, prenez pitié de moi, et ne plaisantez pas. Est-ce ma faute, si dans cette vie il y a toujours un côté risible près des choses sérieuses ? Est-ce ma faute si je suis amoureux d'une femme indienne qui a perdu son mari bien-aimé dans douze gueules de tigres ? Il faut subir ma destinée, et ne pas rire de mon étrange position.
— Gabriel, je crois avoir avoir trouvé votre... Attendez... Laissez-moi faire mon plan au crayon... Ah ! si mon cher oncle sir Edmund... Un moment, un moment... vous aurez vos tigres... douze, et le treizième par dessus le marché, si vous le voulez... Oui, c'est cela... Je suis le digne neveu de sir Edmund ; je n'ai pas dégénéré. Voilà une invention qui sera brevetée pour la sûreté du chasseur. *Patent safety*... voyez, Gabriel... c'est tout simplement l'inverse de la ménagerie : ce sera l'homme qui sera en cage, et le tigre viendra le regarder. Une bonne cage de fer de six pieds de haut, armée en dehors de baïonnettes comme un hérisson : douze pieds de circonférence pour la consolider sur la base. Je connais à Madras un ouvrier chinois, qui vous bâclera cette cage en six jours. Il a des tiges de fer en nombre, et toutes prêtes pour les kiosques métalliques, fort à la mode à Tchoultry. Vous faites porter votre cage sur un charriot vulgaire, de l'autre côté du lac, en plein désert, à dix-neuf milles de l'habitation d'Héva, pendant le jour. Vous l'assujétissez fortement sur sa base. Je serai avec vous, et je vous aiderai. Nous amènerons des bœufs, qui seront liés par de bonnes cordes à des troncs d'arbres, touchant à la cage. Au tomber de la nuit, vous abattrez avec deux balles ces bœufs. L'odeur du sang et les mugissemens d'agonie de ces animaux attireront, à coup sûr, plus de tigres que n'en demande Héva. Vous aurez un arsenal de fusils, et vous choisirez les plus beaux tigres. N'oubliez pas les noirs. Certes, il faut attendre à un concert formidable qui déchirera vos oreilles, à de terribles assauts, à des scènes inouïes : mais je ferai donner à votre cage des soins si minutieux, que vous pourrez dire aux tigres, en montrant la pointe de vos baïonnettes : Vous n'irez pas plus loin !... Je vais vous esquisser un dessin représentant cette chasse ; vous copierez en action mon dessin.

— Sir Edward, dit Gabriel, les yeux fixés sur le plan crayonné par son ami, je ne sais si vous parlez sérieusement ; mais je crois que votre idée mérite d'être prise en considération. Vraiment, je ne vois pas de graves difficultés à faire à ce plan. Par malheur, vous ne pouvez pas me seconder. Il faut que je jure sur l'honneur devant Héva que j'ai tué, seul, mes douze tigres... seul !

— Eh bien! vous serez seul. Je vous aiderai dans les préparatifs, et avant le coucher du soleil je rentrerai à l'habitation. Si Héva me demande de vos nouvelles, je lui dirai que vous serez occupé toute la nuit à tuer des tigres, et qu'elle ne s'inquiète pas pour si peu de chose. Le lendemain j'irai, sans doute par ses ordres, vous rejoindre et vous aider à transporter ici votre gibier. Si Héva vous donne seulement un sourire par tigre, vous serez payé.

— Je l'épouserai Klerbbs! je l'épouserai! Quelle femme résisterait à une telle preuve d'amour! J'épouserai Héva! Toutes les félicités du ciel et de la terre sont dans ces deux mots!... Klerbbs! une pensée vient de me tomber sur le front comme un coup de tonnerre!... Savez-vous qu'il me faut beaucoup d'argent pour ma chasse en cage...

— Tranquillisez-vous. C'est prévu déjà. Je vais à Madras. Je verrai lord Cornwallis, et je lui rappellerai qu'il nous a promis de nous rendre tout service que nous lui demanderons. Or, je le prierai de me donner un ordre pour faire confectionner aux frais du gouvernement, dans quarante-huit heures, une machine scientifique, dont le plan a été envoyé par la société royale de Londres, et qui est destinée à l'exploitation agricole des landes de Tchoultry. Je demanderai de plus un faisceau de fusils et deux bœufs, sous le prétexte de fonder une colonie devant la cataracte d'Élora. Lord Cornwallis sera enchanté de s'acquitter d'une dette à si bon marché.

— Sir Edward vous êtes adorable!

— Ne m'adorez pas encore; attendez la réussite.

— Je réussirai, mon ami, c'est infaillible. Voilà justement comme on arrive aux grands résultats!... en tâtonnant sur une voie de plaisanteries! Une bagatelle souvent est la porte de toute idée sublime. Christophe Colomb, à table, cherchait un plat favori, caché derrière une jatte de lait : ses convives nièrent l'existence du plat; il retira la jatte et le leur montra. Cela le fit tomber en rêverie. Quelques années après, il découvrait l'Amérique derrière l'Océan. Klerbbs, je suis exigeant; il faut partir pour Madras.

— Dans une heure.

— Mon cher Edward, que de peines je vous donne pour le caprice d'une femme! Nous sommes de bien grands fous, vraiment! Une femme a une fantaisie, elle trouvera cent amoureux pour aller lui ramasser son idée folle à mille lieues et la lui rapporter! Je pense à un amoureux, dont j'ai oublié le nom, qui était plus infortuné que moi; celui-là me console : il aimait une Héva qui lui demandait chaque jour quelque chose d'extravagant. Un soir elle se mit à regarder une étoile avec des yeux de convoitise. L'amoureux se vit perdu, et il ne se sauva qu'avec ce quatrain :

La nuit, quand sous un ciel sans voile,
L'heure d'amour vient à sonner,
Ne regardez pas cette étoile,
Je ne puis pas vous la donner.

— Ah! je conviens, Gabriel, qu'Héva est plus raisonnable. Aussi, nous la contenterons. Mais il ne faut jamais qu'elle sache le procédé ingénieux que nous avons employé.

— Jamais! jamais!

— Il faut que rien, dans son idée, ne rapetisse la grandeur et le péril du dévoûment, afin que vous en recueilliez tout le bénéfice.

— C'est cela !

— Tout est donc bien arrêté, Gabriel?

— Tout, Edward. Je crains que ce Chinois qui fait des kiosques de fer ne soit parti.

— Un Chinois partir! dans cinquante ans je le trouverais encore, empaillé au *Tchina-Bazar* sous son parasol.

— Et lord Cornwallis, si...

— Gabriel, point de *si* de doute avec un Anglais!

— Pardon, sir Edward..... c'est que ma vie est entre vos mains...

— Je vous la rendrai. Comptez sur moi.

Il y eut encore quelques paroles insignifiantes échangées entre les amis; puis, sir Edward fit ses préparatifs de départ.

On trouva facilement un prétexte pour justifier l'absence de Klerbbs. Il allait passer quelques jours à Madras, disait Gabriel, pour les affaires de son mariage. — Tant mieux! avait dit Héva, ce jeune homme, monsieur Gabriel, vous rendra léger comme lui. Nous causerons au moins dix jours de choses sérieuses... Vous saurez que personne ne m'a encore apporté mes douze tigres.

— Ah! madame, avait répondu Gabriel, on est bien peu galant dans l'Inde. Moi-même..

— Taisez-vous, enfant! Voyez comme il prend un air sérieux en disant cela? je vous défends de faire une sottise; c'est que je vous connais. Je vous défends d'être fou.

En disant cette phrase, Héva regardait Gabriel avec ce sourire provocateur qui annonce chez une femme quelque vague intention de nouer une intrigue, par amour ou par ennui.

Gabriel se tenait dans une extrême réserve, comme un homme qui, voulant débuter par un coup d'éclat, ne veut pas compromettre son plan et son avenir avec des galanteries banales dont se sert le genre humain des amoureux.

Ainsi, les entretiens de Gabriel et d'Héva ne se renouvelèrent, pendant deux jours, qu'à de rares intervalles, et ils ne furent remarquables que par leur brièveté.

Vers la fin du deuxième jour, Gabriel reçut deux lettres de Madras; une de ces lettres était confidentielle, mais il lui était recommandé de montrer l'autre, qui expliquait sa promenade à Madras ; voici ces deux lettres :

« Madras, juillet 18...
« Mon cher Gabriel,
» Lord Cornwallis a été parfait. Je lui ai expliqué mes plans
» d'agriculteur et de colonisateur d'un air grave que j'avais
» emprunté à un savant de mes amis, et que je lui ai rendu en
» sortant; cette dette me pesait.
» Le gouverneur m'a donné tout pouvoir sur papier officiel.
» J'ai couru chez mon Chinois, et je lui ai montré l'ordre de
» Son Excellence, et mon plan. Le Chinois n'a jeté sur mon
» plan qu'un œil oblique, et il m'a dit I. Cet I signifiait qu'il
» comprenait tout le mécanisme du travail demandé, avec ses
» détails et accessoires, et qu'il serait prêt dans deux jours.
» J'ai fait une visite de politesse à l'attorney-général. Il m'a
» reçu avec une froideur qui me dispensera d'une seconde
» visite. Cet homme mourra dans l'impénitence finale.
» *L'Evening-Chronicle* de ce jour renferme le paragraphe
» suivant sous la rubrique LATEST INTELLIGENCE :
» « — *Le savant économiste sir Edward Klerbbs va faire des
essais agricoles dans des terres incultes au nord de Madras ;
le gouvernement a mis à sa disposition tous les instrumens
nécessaires pour favoriser cette entreprise. C'est ainsi que
Son Excellence répond aux aveugles écrivains de la métropole!* »
» Toutes les choses de ce pauvre monde vont comme cela,
» mon cher Gabriel.
» Demain, à quatre heures du soir, vous me rencontrerez
» au nord du lac, avec tout mon attirail de chasse. J'élèverai
» un drapeau rouge sur le plus haut des palmiers du désert.
» Je serai à dix pas de ce drapeau. Votre cheval me servira
» pour mon retour.
» Adieu, à demain.   EDWARD KLERBBS. »

AUTRE LETTRE.

« Madras, juillet 18...
» Mon cher ami,
» Je vous écris, *in greatest haste,* pour vous annoncer que
» mon futur beau-père est toujours furieux contre moi. Il prétend que le mois de juillet est commencé, ce qui est incontestable, puisque le mois de juin est fini depuis quinze
» jours. Je n'ai rien à répondre à cela, aussi je ne réponds
» pas.
» Mettez-moi au plus bas degré de l'autel où vous adorez
» la reine de l'Inde.
» Je vous serrerai les mains au premier jour.
» Adieu !   EDWARD. »

« P. S. J'avais oublié de vous dire que j'ai reçu à Madras
» une lettre de ce beau-père furieux. »

Gabriel montra cette dernière lettre à Héva, qui la lut en souriant, et dit avec mélancolie :

— Voilà donc comment les hommes traitent le mariage ! je ne suis pas dupe, moi, de sir Edward : il a une maîtresse à Madras, et il ne se mariera pas.

— Oh ! madame, dit Gabriel, sir Edward n'a que sa parole. Au jour dit, Tranquebar le verra aux pieds de sa femme.

— Voilà une exactitude qui me déplairait singulièrement, à moi !

— J'avoue que sir Edward devrait au moins arriver une quinzaine avant l'échéance nuptiale ; mais c'est un caractère ainsi fait. Il prétend que la liberté du célibat garantit le bonheur du mariage. Au reste, sir Edward aime passionnément sa belle fiancée. Il vient d'atteindre comme moi sa vingt-septième année ; c'est l'âge où nous songeons à nous établir. La vie de garçon a quelques agrémens peut-être, mais que d'amertumes au dehors ! que de solitude au dedans ! c'est une vie qui n'est pas faite. On sent toujours qu'il y a quelque part une âme...

— Je vous avertis, monsieur Gabriel, dit Héva, que vous avez un sérieux superbe en parlant de mariage.

— C'est que je n'ai jamais parlé plus sérieusement, madame, dit Gabriel avec un accent qui émut Héva. Je ne sais si j'ai tort, mais je juge mon ami sir Edward en regardant moi-même au fond de mon cœur. Eh bien ! je vous affirme sur l'honneur, madame, que je renoncerais de grand cœur à ma vie vagabonde pour me fixer dans quelque coin d'un doux climat, le premier coin venu, pourvu que j'y fusse moitié à l'ombre, moitié au soleil, avec une montagne, une forêt, un lac, quelques accessoires qu'on trouve partout. Je me sentirais de force à faire doucement ma vie d'époux dans ce petit paradis terrestre de mon choix ; d'aimer jusqu'à la mort une femme, pourvu qu'elle fût belle, aimable, gracieuse, vive, spirituelle, sensible, enjouée, et qu'elle m'aimât.

— Vous n'êtes pas trop exigeant, monsieur Gabriel, dans vos vœux. Croyez-vous qu'elle peut se rencontrer, la femme que vous rêvez ?

— Elle peut se rencontrer.
— Souvent ?
— Une fois... c'est suffisant.

L'arrivée de deux importuns suspendit cette conversation. Les importuns arrivent toujours dans ces momens.

Le soir, après le repas, Gabriel, en saluant Héva qui se retirait, lui dit :

— Vous m'avez donné une idée, madame ; oui, je crois que sir Edward a une maîtresse à Madras ; je veux le surprendre et lui faire un sermon. Demain, je tombe devant lui à Madras, et je l'épouvante avec ma vertu.

— Et nous reviendrez-vous bientôt ?

— Après demain, madame. Je suppose qu'on peut vivre vingt-quatre heures loin d'ici ; je veux l'essayer.

Héva présenta sa main à Gabriel, et laissa rayonner sur sa figure un sourire d'une expression toute nouvelle pour lui.

Gabriel s'embrasa de ce premier rayon de bonheur ; il crut voir luire l'aube de l'amour sur le front céleste d'Héva.

Il sortit sur la terrasse, et jeta un rapide coup d'œil à l'horizon lointain du lac, comme s'il cherchait déjà sur les cimes confuses des arbres le drapeau rouge de sir Edward.

X.
LA CAGE.

Au jour fixé, à l'heure convenue, Gabriel arriva au rendez-vous solennel que sir Edward lui avait donné. Le premier regard qu'il jeta sur les bouquets de palmiers clairsemés au désert, rencontra le drapeau rouge. Quelques instans après, il descendait de cheval et serrait les mains de son ami.

Sir Edward venait de congédier trois Indiens stupides qu'il avait amenés de Madras pour l'aider dans son travail. A l'arrivée de Gabriel, tout était prêt.

— Mon Chinois a fait un chef-d'œuvre, dit Klerbbs en montrant la cage ; seulement il a corrigé mon plan. La cage a dix-huit pieds de circonférence, et les baïonnettes de défense sont entremêlées de larges arêtes de fer épineux. En vous plaçant au centre, vous serez hors de la portée de la plus longue griffe, en supposant qu'une patte endiablée s'allonge à travers ces chevaux de frise, ce qui est impossible. Voilà vos fusils en faisceau. Ils sont chargés au rhinocéros ; vous les avez sous la main. A huit heures, vous aurez un quart de lune ; c'est suffisant... Voyez comme votre citadelle est solide ! on la croirait bâtie sur le roc : les assauts de tous les tigres du Bengale la trouveraient inébranlable. Ah ! je suis content de mon œuvre ! Mon oncle sir Edmund a un neveu digne de lui !

— C'est vraiment admirable ! dit Gabriel. Je suis étonné qu'on n'ait jamais songé à cela depuis Aureng-Zeb.

— Une chose fort simple pourtant, comme toute grande découverte... Voyez comme le site est bien choisi !... Une vaste plaine déserte qui expire à ces rochers bruns. Le club des tigres est là-bas, dans ces énormes crevasses ouvertes par des volcans. J'ai entendu dire au pauvre Mounoussamy que ces rochers conduisent, par une longue crête, aux gorges de Ravana. Quel malheur pour moi de ne pouvoir pas m'associer avec vous cette nuit !

— Oh ! impossible ! impossible ! Edward, vous savez...

— Je le sais. Allons, je me sacrifie... D'ailleurs, ma présence est nécessaire à l'habitation.

— Vous dites cela d'un air singulièrement mystérieux, sir Edward !

— C'est qu'à Madras j'ai appris d'étranges choses... Il est faux que Goulab et Mirpour soient arrêtés. Ces deux coquins ont mis en défaut tous les limiers de la justice. Lord Cornwallis m'a dit :

« Je connais ce Goulab ; il a la patience du lion amoureux, la ruse et l'entêtement du mandrille. Dites à la belle veuve d'établir bonne garde autour d'elle. A Madras, elle ne craindrait rien ; dans son désert, elle est, à son insu, sous la griffe de ce monstre. On m'a rapporté que ce Goulab s'était long-temps caché dans les souterrains d'Élora ; mais depuis que les Indiens qui lui sont vendus ont répandu dans la campagne le faux bruit de son arrestation, il est sorti de son repaire, et il rampe prudemment comme un boa dans la direction du lac. » Voilà ce que m'a dit le gouverneur.

— Edward, vous me donnez des frissons de mort !... Décidément j'abandonne cette chasse, et je retourne avec vous pour veiller avec Héva...

— Non, Gabriel, c'est inutile. Voici pourquoi. Il est maintenant hors de doute que c'est Goulab qui a été blessé par moi, l'autre nuit, dans les buissons du lac ; que c'est lui qui s'est caché dans la maison du brahmane Syali ; que Çourà n'a pas aboyé parce qu'il a reconnu un ami de la maison ; enfin que le docteur Phytian a été appelé pour panser la blessure de Goulab. Tout cela est de la dernière évidence, n'est-ce pas ?

— Incontestablement.

— Or, nous ne craignons rien encore de Goulab ; il est couché dans le lit du brahmane. Je ne crains pas qu'il vienne cette nuit rôder autour de la place pour combiner quelque plan d'escalade ; d'ailleurs, je serai à mon poste. Demain nous écrirons à lord Cornwallis, et notre Goulab sera pris dans sa tanière avant le coucher du soleil.

— J'approuve tout ; il n'y a aucune objection à faire à cela.

— Adieu donc, mon cher Gabriel ; retirons-nous chacun dans notre cage, vous pour chasser aux tigres, moi aux Goulab. Je me suis donné le poste le plus périlleux.

— Adieu ! mon cher Edward... à demain ; je vous attends ici. Venez me délivrer, trois heures après le lever du soleil.

— Bonne chasse et bon courage ! Adieu, Gabriel.

Lorsque le bruit du galop du cheval de Klerbbs s'évanouit, la solitude devint silencieuse et menaçante autour de Gabriel.

Le jeune homme regardait le soleil incliné sur l'horizon, et l'astre semblait descendre avec une lenteur affectée vers les nuages de pourpre qui l'attendaient pour l'ensevelir.

Enfin, comme la plus attendue des nuits arrive toujours, la dernière lueur du crépuscule s'éteignit sur la cime des palmiers, et Gabriel éprouva ce saisissement qui vient au cœur du plus fort dans les heures solennelles de la vie.

Les deux bœufs étaient tombés sur l'herbe, mortellement blessés, et déjà leurs mugissemens retentissaient dans la solitude.

Quand toutes les étoiles levées annoncèrent aux monstres de l'Asie que la terre leur appartenait, il y eut, dans les échos des roches lointaines, un râle strident qui signifiait que l'odeur du sang frais arrivait avec la brise aux naseaux subtils des bêtes fauves. Le festin était large, les convives accouraient ; l'amphitryon caressait une double détente de la pointe du doigt.

Deux tigres noirs, qui semblaient tomber du ciel comme deux aérolithes, s'abattirent sur le flanc convulsif d'un taureau, et tout-à-coup ils relevèrent fièrement leurs gueules sanglantes au léger bruit que fit le chasseur en ajustant son fusil à travers les barreaux. En même temps, d'autres bêtes fauves bondissaient dans les ténèbres en les sillonnant des tisons de leurs yeux, et ils s'arrêtaient brusquement, comme des chevaux sur la lèvre d'un précipice à pic, à vingt pas de la cage de Gabriel ; et, deux pattes ployées en arrière et frissonnantes, le poitrail en avant, les oreilles aplaties, la tête fixe et agitée par saccades, ils examinaient ce hérisson colossal, immobile au désert, cet étrange ennemi inconnu à leur expérience, à leurs traditions de famille, à leur instinct. Les plus affamés abandonnaient la solution de l'énigme et se ruaient sur les bœufs, en disputant, à coups de griffes, leur part de cette chair savoureuse qu'ils sentaient mourir sous leurs dents avec les spasmes rauques de rage et de volupté.

Gabriel s'était mépris sur la nature de son courage. L'homme le plus brave a des accès de peur qu'il ne peut réprimer, et qui le font frissonner comme un lâche. La nuit apporte avec elle des terreurs suprêmes que les imaginations vives ressentent, même en l'absence de tout danger. Les formidables voix de ces monstres déchiraient la poitrine de Gabriel et vibraient dans ses intestins comme un ouragan de cuivre ; on eût cru entendre une symphonie composée de toutes les notes qui mordent sur l'épiderme, comme des limes d'acier, et tremblent en sifflant à la pointe des nerfs. L'air semblait lancer au chasseur les dents et les griffes du tigre, et le chasseur, dans le délire de l'épouvante, se débattait contre les invisibles lames de feu, aiguës et poignantes, décochées à travers les barreaux.

Il n'y a dans ces momens qu'une énergique surexcitation de colère qui puisse rendre à l'homme son courage et sa raison. Gabriel poussa un cri terrible, comme on fait dans un rêve étouffant pour se réveiller, et il tira deux coups de carabine. Un silence solennel retomba sur cette scène. Les animaux, accroupis en cercle, restèrent immobiles, comme les sphynx de l'avenue du temple de Karnak, et l'on n'entendit plus que le chant monotone de l'insecte qui, perdu sous le buisson voisin, glorifiait la splendeur de la nuit, dans son sublime dédain pour le tigre et pour l'homme.

Le feu et la détonation suspendirent quelques instans le festin et les accès de rage des animaux. Les deux cadavres de leur famille, étendus raides sur l'herbe, ne firent aucune impression sur les autres. A deux nouveaux coups de feu, ils ne répondirent, après un moment d'hésitation, que par un assaut général, comme s'ils avaient tenu conseil. Ils s'élancèrent contre cet ennemi insolent qui venait sur leurs domaines leur disputer une proie si opulente. Repoussés de tous côtés par les lames de fer, plus solides que leurs dents et leurs griffes, ils tombaient en arrière, avec des ondulations furieuses, d'horribles craquemens de mâchoires, et des cris de rage folle qui ressemblaient à l'éruption d'un orgue immense plein de sauvages rugissemens. Les blessures reçues les irritaient encore contre cet inébranlable ennemi de fer ; par intervalles, le jeune chasseur se croyait dans un kiosque tapissé de têtes de tigres, têtes gonflées par la colère, monstrueuses, sanglantes, illuminées de deux escarboucles, et secouant des flots d'étincelles, comme le fer rouge sous le marteau. Il y avait surtout de terribles frissons à subir lorsque Gabriel sentait courir sur son visage l'extrémité velue d'une queue de tigre, énergiquement recourbée à travers les barreaux ; car il semblait alors qu'une brèche était ouverte à la citadelle, et que, chasseur et remparts, tout allait être broyé dans les gueules des monstres du désert.

A cette phase de ce drame inouï, Gabriel, semblable au marin brave, mais novice, qui frissonne à la première volée de canons, et sourit à la seconde, Gabriel avait ressaisi tout son sang-froid. Il prodiguait, à bout portant, les coups de carabine sans les compter, et il devina bientôt que le découragement était du côté des ennemis. Les animaux tremblèrent à leur tour, comme s'ils eussent reconnu qu'ils luttaient follement contre une puissance supérieure. Déjà les plus intelligens regagnaient à pas mesurés les montagnes paternelles, se retournant quelquefois pour lancer un râle sourd au théâtre sanglant du combat. Les blessés marchaient avec effort vers un buisson de nopals, s'y abritaient comme dans une ambulance, allongeaient leurs grands corps, et déposant de leurs lèvres sur leur griffe droite une salive mêlée d'écume rougie, ils lavaient la plaie vive de leurs mufles et de leurs fronts. D'autres, les plus intraitables sans doute, avalaient des lambeaux de bœuf, se désaltéraient dans une mare de sang, et répondant par un cri rauque à chaque coup de carabine mal ajusté, ils s'acheminaient encore, quoique rassasiés, sur leur proie à demi dévorée ; et les deux griffes antérieures plongeant au cou d'un taureau, les dents aux cornes, le dos convulsif, le poil hérissé, ils traînaient sur l'herbe ce reste de festin, comme des convives prévoyans qui, surpris par des éclats de foudre, au milieu d'un repas en plein air, emportent chez eux les viandes pour les besoins du lendemain.

Enfin, il fut permis à Gabriel de respirer. Il n'entendait plus qu'à une distance rassurante les cris agonisans de la colère des monstres, semblables aux échos affaiblis et lointains qui annoncent la fin de l'orage, et rendent l'espoir au laboureur. Gabriel rechargea cependant toutes ses armes, car une idée effrayante le frappa dans ce premier moment de trêve : il craignait de revoir, avant l'aube, une nouvelle armée de tigres recrutés dans les montagnes, accourant pour venger une défaite et glaner dans le charnier du festin. Heureusement, tout était bien fini. Le chasseur aurait succombé sous ses émotions à un second assaut.

Au premier rayon de l'aube, Gabriel tressaillit d'orgueil en lisant autour de lui le bulletin de sa victoire. Seize tigres étaient couchés morts sur le gazon, encore menaçans, les griffes et le mufle tournés vers la cage, comme de braves soldats tombés la face à l'ennemi. De nombreuses flaques de sang, çà et là stagnantes, attestaient des blessures profondes emportées aux tanières. Les bœufs avaient disparu ; la place qu'ils occupaient gardait encore leurs formes, et l'œil du chasseur suivait, bien loin dans la campagne, le sillon sanglant qu'avaient tracé leurs grands squelettes traînés par un attelage de tigres. Les barreaux de la cage étaient souillés de taches rouges, et plusieurs lames, mal assujéties, avaient ployé sous la furie des assauts.

Grâces aux exquises provisions de table que la sage prévoyance de Klerbbs avait mêlées aux provisions de guerre, Gabriel répara ses forces abattues. Il déjeunait, triomphant, sur le champ de bataille, et le premier témoin de sa victoire fut le soleil qui laissa tomber sur son dôme de fer une couronne d'or. Quelques milans à tête blanche, nommés dans l'Inde *Tchankara*, vinrent tournoyer, au lever de l'astre, sur la plaine du carnage ; mais ils n'osèrent s'abattre sur les cadavres. Gabriel dédaigna ces oiseaux et ne leur fit pas l'honneur d'un salut.

Cependant le soleil montait dans l'azur du zénith, et sir Edward, toujours si exact, ne paraissait pas. Gabriel mourait d'inquiétude, les yeux tournés vers le midi. La distance, en ligne directe, de ce désert à l'habitation pouvait être parcourue à cheval en quelques heures, mais à cause des longs détours que nécessitaient les accidens du terrain, la course était double. Ce ne fut qu'à la mi-journée que sir Edward arriva ; il amenait avec lui un cheval tout sellé pour Gabriel.

La pantomime de sir Edward, en descendant de cheval, fut plus éloquente qu'une série d'éloges accordés au courage de Gabriel. L'Anglais fit tournoyer ses mains sur sa tête et les laissa tomber comme épuisées, par des convulsions d'enthousiasme, dans les mains de Gabriel.

— Mon ami, dit Klerbbs, vous avez gagné le paradis ! vous épouserez Héva !

— Quelle épouvantable nuit !

— Oui, Gabriel! mais quel beau jour! Vous avez accompli les douze travaux d'Hercule, et vous trouverez la belle Omphale au bout du chemin. Elle vous attend... J'ai bien tardé, n'est-ce pas ?... c'est qu'il y a eu du nouveau à l'habitation... L'attorney-général est chez vous... notez que je vous dis *chez vous*. Ce magistrat a été envoyé à l'habitation par lord Cornwallis pour étudier les localités et diriger des recherches contre Goulab et Mirpour dans un centre d'opérations. Il y a des bruits alarmans qui circulent au sujet de ces deux brigands. Le gouverneur en sait plus qu'il n'en dit. Héva ignore tout; je la laisse dans son heureuse sécurité. Je ne veux rien dire ni faire sans vous, Gabriel...

— Mais Héva ? Héva ? parlez-moi d'Héva !

— Elle est à vous ! Ah ! si vous l'aviez vue !... les femmes les plus réservées se trahissent dans de certains momens... Après nous être débarrassés des longs entretiens de l'attorney-général, par parenthèse, continue à me regarder de travers, j'ai eu, à l'écart, ce dialogue avec votre Héva :

— Mais où donc s'est perdu votre ami, sir Edward? m'a-t-elle dit avec cette insouciance qui marque un souci.

— Gabriel est à la chasse, madame.

— Seul ?

— Seul ; sur mon honneur, il est seul.

— De quel côté?

— Vers les roches noires, bien loin d'ici.

— Il est donc fou, votre ami ?

— Non, madame ; il vous apportera ce soir un superbe tapis de douze tigres...

A ces derniers mots, Héva s'est précipitée sur moi comme pour me dévorer.

— Ne plaisantez pas, sir Edward ! s'est-elle écriée. M. Gabriel est-il véritablement aux roches noires ?

— Foi de gentilhomme ! lui ai-je répondu avec cet air sérieux qu'on ne peut feindre.

— Sir Edward ! m'a-t-elle dit en me serrant les mains, pas une minute de plus ici ! Prenez avec vous six de mes plus intrépides serviteurs, et courez au secours de ce pauvre Gabriel. J'exige que vous me le rameniez vivant. Partez !

Voilà donc, cher Gabriel, sous quels favorables auspices je suis parti de l'habitation. J'ai laissé les six domestiques à un mille, là-bas, dans un labyrinthe d'ébéniers ; ils ne doivent rien voir de ce que vous avez fait, jusqu'à ce que la cage disparaisse dans le lac. Les serviteurs d'Héva ne verront que les tigres morts et point de cage. Quel horrible mystère pour eux !... Allons, ne perdons pas de temps, et noyons cette citadelle de fer ; elle a fait son service.

Lorsque la cage eut disparu sur les bords du lac où elle s'élevait, Klerbbs tira un coup de pistolet pour appeler les domestiques : c'était le signal convenu.

— Voici maintenant, dit Klerbbs, le cadeau de l'esclave au triomphateur. C'est une lettre que je vous apporte ; elle modérera votre joie, qui vous serait funeste.

— Oui, vous avez raison, donnez... C'est une lettre d'un membre de l'Institut... Je la lirai demain... Voyons le *post-scriptum* seulement...

« *La science ornithologique compte sur vous... N'oubliez pas dans vos explorations le colibri aux ailes d'argent, que Sonnerat désigne sous le nom de* MARGARITA-VOLANS. »

— Seize tigres ! dit Edward en joignant les mains... Voyez ce que coûte une femme !

Quand les domestiques arrivèrent, Klerbbs leur ordonna de placer le monstrueux gibier dans le charriot qui avait transporté la cage, et d'y atteler des chevaux en guise de bœufs.

Une sédition faillit éclater parmi les domestiques ; ils reculèrent d'effroi devant les cadavres, dont quelques-uns semblaient encore les regarder avec de grands yeux sanglans, que la mort n'avait pas fermés. Klerbbs et Gabriel furent obligés d'aider les serviteurs dans ce rude travail, qui fit perdre encore deux heures à la petite caravane.

Les chevaux témoignèrent aussi beaucoup de répugnance pour cette corvée ; mais comme ils étaient de ceux qui avaient vu des tigres vivans, ils s'habituèrent bientôt à des tigres morts.

On se mit en marche, mais la pesanteur du charriot et le poids de la charge ralentissaient beaucoup le mouvement des roues. On avançait avec une lenteur désespérante pour Gabriel.

Les deux amis chevauchaient côte à côte et veillaient sur le précieux charriot.

— Nous arriverons fort tard, disait Gabriel avec un soupir significatif.

— Je n'en suis pas fâché, disait sir Edward, à cause de cet attorney-général ; je voudrais même qu'il fût dans son lit lorsque nous arriverons. Il nous regarderait comme des hommes plus féroces que des tigres, et il persisterait plus que jamais dans la mauvaise opinion qu'il a de nous.

— Eh ! je me moque bien, moi, de l'attorney-général et de son opinion ! Chaque minute perdue est un siècle de bonheur retranché de ma vie !

— Quel noble amour est le vôtre, mon cher Gabriel! Et que mon beau-père futur, sir Douglas, serait heureux d'avoir un gendre comme vous ! Mes affaires sont, hélas ! si embrouillées à Tranquebar ! La calomnie a répandu le bruit que j'avais eu un duel à Bangalore avec un Anglais, pour une femme ! La calomnie a cela de terrible, qu'il y a toujours au fond de ses contes quelque atome de vérité... Je vous ai conté mon duel avec sir Wales pour sa statue de pagode... On a bâti là-dessus une fable, qui a mis mon beau-père au comble de l'exaspération... J'espère que tout s'arrangera, et que le médisant Tranquebar sera confondu... Mon plan de vie est fait. D'abord, je me marie ; je donne ma démission de savant. J'habite l'Inde anglaise. Mon père, quoique avare, m'assure cinq cents livres de rente. Je donne à mes enfans la seule éducation qui soit une fortune, l'éducation polyglotte ; et nous vivons en communauté tous les quatre, vous et moi, Héva et Erminia, donnant l'exemple des vertus conjugales à la côte de Coromandel.

— Vous êtes charmant, sir Edward.... Oui, parlez-moi d'Héva ! parlez-moi d'Héva !... Le nom d'une femme ! quatre lettres ! cela suffit pour enchanter cette solitude et la parer de toutes les grâces de l'Asie !.... Edward, répétez-moi ce qu'elle vous a dit ; répétez-moi ses dernières paroles du ciel, en me jetant le dernier écho de sa voix... J'ai été témoin de ses angoisses, je serais tombé à ses genoux divins! je serais mort de joie dans la poussière de ses pieds !

— Oui, Gabriel, cette femme vous aime; elle vous aime depuis le jour où elle consentit à jouer sa perruque aux échecs contre vous. Je connais les femmes, et surtout les jeunes veuves, lesquelles sont plus femmes encore que les autres. Héva sera fidèle à la mémoire de son mari tant qu'il restera un point noir sur ses vêtemens. A sa première robe blanche vous l'épouserez.

— Et ce maudit charriot embourbé qui n'avance pas ! Et la nuit ! la nuit qui va tomber !

— Nous ne craignons rien, Gabriel, nous sommes tous armés jusqu'aux dents, et nos domestiques ne sont pas des Péons.

— Oh ! ce n'est pas le danger que je redoute !... Héva doit être dans des transes mortelles...

— Tant mieux ! tant mieux ! Gabriel. Vous figurez-vous aussi quels transports de joie, quels élans de furieux délire accueilleront votre retour ! quelles douces et blanches mains poliront vos cheveux souillés de sang ! Héro et Léandre vont revivre ce soir à Coromandel !

— Edward ! nous n'avançons pas ! nous n'avançons pas ! La route est affreuse ! L'orage de l'autre nuit a creusé des ravins partout. Nous n'avançons pas, mon ami ! attelons nos chevaux pour renfort.

— Temps perdu ! l'attelage suffit. Bientôt nous sortons du désert ; nous serons en plaine. C'est le chemin de ronces qui mène au paradis !

Gabriel se tut, et il demeura longtemps silencieux, abîmé dans la pensée que renfermaient les dernières paroles de son ami.

C'était l'heure où la société de la maison d'Héva se retirait dans les appartemens supérieurs, car les veillées étaient courtes, les Indiens de la campagne aimant mieux jouir des heures qui suivent l'aube, heures de fraîcheur odorante et de gracieuse sérénité.

Les deux amis remarquèrent un mouvement de gestes et d'inquiétude parmi les domestiques. Les premiers désignaient aux autres le point de l'horizon où s'élevait la montagne boisée au pied de laquelle était l'habitation d'Héva.

Jusqu'à ce moment, cet horizon s'était voilé de toutes les ténèbres de la nuit, et son obscurité profonde, mise en relief, dans les teintes transparentes et étoilées du reste du tableau, servait même de point de reconnaissance, et dirigeait la marche de la petite caravane.

Tout-à-coup cette grande masse d'ombre lointaine, formée par la forêt et la montagne, jeta des lueurs vives, comme si elle se fût embrasée au feu des étoiles.

— Voilà quelque chose de bien effrayant ! dit Gabriel d'une voix émue.

— C'est un feu de berger ; ce n'est rien.

La voix de l'Anglais manquait d'assurance en répondant à son ami.

— Le feu grandit à vue d'œil, reprit Gabriel...

— C'est peut-être une attention d'Héva, dit Klerbbs... elle place un phare pour nous éclairer dans la nuit.

— Un phare !... c'est toute une forêt qui s'embrase à l'horizon...

— Ne vous alarmez pas ainsi, Gabriel... Héva nous a parlé un jour de cet immense feu de joie qui éclaira la nuit de son mariage ; elle pense que vous n'avez pas oublié son récit ; c'est une allégorie nuptiale qu'elle vous envoie dans les ténèbres, pour vous exciter au retour.

— Oh ! je n'admets pas cette explication ; elle est trop forcée... Edward, abandonnons le charriot, et lançons-nous à toute bride vers l'incendie.

Edward ne put répondre qu'en imitant son ami, car celui-ci, emporté au vol du cheval était déjà bien loin du charriot.

XI.

CONCLUSION.

C'était comme une course au clocher engagée entre Klerbbs et Gabriel. Ils passaient comme des êtres surnaturels à travers les masses d'arbustes, et pardessus les ravins et les buissons, couchés sur la crinière de leurs chevaux.

A chaque élan, le tableau vers lequel ils se précipitaient devenait plus horrible. L'incendie tombait de la montagne sur la plaine comme une immense cataracte de flammes Des tourbillons de fumée éclatante voilaient le ciel ; les craquemens des arbres déracinés, qui s'écroulaient en charbons gigantesques, mêlés aux pétillemens furieux des feuilles vertes, formaient un fracas épouvantable, comme celui des ouragans des Tropiques ; le lac embrasé par les reflets de l'incendie, était comme la planète de ce nouveau et effrayant soleil qui roulait en fusion sur l'Eden du Coromandel.

Les deux amis, arrivés à cent pas du *Chattiram*, s'élancèrent de leurs chevaux dans l'allée, et coururent vers la terrasse, où des cris formidables, et les aboiemens d'un chien désolé semblaient appeler tous les secours humains.

— Ce feu sort de la tête d'un démon ! s'écria Edward.

Ce cri déchirant, tel que le pousse une femme au milieu d'une ville prise d'assaut, retentit dans les entrailles de Gabriel. A la clarté de l'incendie qui rapprochait les objets en les éclairant mieux que le soleil, Gabriel vit passer au vol, sous les arbres, un groupe bien connu de lui. L'Indien Goulab emportait dans ses bras, comme le milan la colombe, la belle Héva toute ruisselante de cheveux noirs. Au même instant, un autre Indien colossal, agile comme le tigre, et dont le front secouait des bandelettes sanglantes, tombait sur le ravisseur Goulab, avant Klerbbs et Gabriel. Le géant bronzé étendit Goulab à ses pieds d'un coup de poignard, en lui criant : — Il y a trois cents nuits que je t'épie, brigand !

Héva sembla jeter son âme dans un cri de joie, et l'Indien vainqueur l'emporta convulsive de terreur et de saisissement, ses beaux bras levés au ciel, et ses beaux yeux remplis d'une expression qu'aucune crise humaine n'a jamais donnée au regard de la femme.

Une minute vit passer cette histoire.

Cet Indien, qui semblait sortir des entrailles de la terre, était le mari d'Héva, le nabab Mounoussamy !

Prenez toutes les contradictions de surprise, toutes les nuances de terreur qui ont passé sur les visages de Saül devant la Pythonisse, et de Brutus devant le fantôme de Philippes, et vous aurez à peine une idée de la face bouleversée de Gabriel, lorsqu'il reconnut l'Indien ressuscité : il aura, sans doute, cette figure de suprême désolation, le premier homme qui rencontrera l'Antechrist sur la route de Josaphat...

Klerbbs s'oublia pour ne songer qu'à son ami ; il le porta dans ses bras, et l'entraîna mourant, loin de l'endroit où venait de se passer la terrible scène.

Héva et son mari avaient disparu. L'incendie n'avait plus que quelques degrés de la montagne à descendre pour dévorer le toit de l'habitation.

La ferme de l'habitation était située dans une plaine découverte, que l'incendie ne pouvait atteindre. C'est là que Klerbbs conduisit Gabriel chancelant, comme un soldat conduit son camarade blessé à l'ambulance. Gabriel marchait avec les pieds de son ami ; ses yeux fixes et démesurément ouverts semblaient annoncer que sa raison avait subitement reçu une atteinte fatale. Klerbbs n'osait l'interroger, de peur de recevoir une de ces réponses qui effraient, parce qu'elles ne viennent que du mécanisme de la langue et des lèvres, sans avoir passé par le cerveau.

Un des corps de logis de la ferme avait ses croisées ouvertes et éclairées ; on entendait même un grand bruit de voix dans les salles supérieures, et Klerbbs comprit que toute la société de l'habitation s'était réfugiée dans cet asile par un chemin détourné ! Il n'osa pas frapper à la porte pour demander une place, car il n'aurait su comment expliquer l'affreux état de Gabriel ; et d'ailleurs, il supposait avec raison que l'Indien et Héva s'étaient aussi réfugiés chez leur fermier.

Ce fut dans une petite grange ouverte, pleine de feuilles sèches de bambous et de paille de riz, que Klerbbs conduisit Gabriel ; il y régnait une obscurité profonde, malgré la clarté de l'incendie. Le pauvre blessé, toujours silencieux, s'étendit sur l'édredon végétal des sauvages Indiens, et Klerbbs s'assit à ses côtés sur le même lit ; désespéré de ne pouvoir lui donner un secours, car au moindre bruit, pouvait descendre de la ferme quelque fantôme infernal ou divin qui aurait tué Gabriel en venant le secourir.

Cependant, comme les forces physiques du malheureux jeune homme avaient été épuisées par les rudes fatigues de la dernière nuit, suivie de ce jour plus accablant encore, un sommeil favorable lui vint après la crise nerveuse. La nature a quelquefois la bonté de se faire médecin, et de guérir par des procédés mystérieux dont elle garde le secret par amour-propre d'auteur. Klerbbs écoutait avec joie la respiration qui murmurait doucement aux lèvres de Gabriel, et qui avait repris, après une heure de sommeil agité, ses symptômes alarmans. Moins inquiet sur le sort de son ami, il se leva avec précaution et sortit de la grange pour prêter l'oreille aux bruits extérieurs, et saisir, dans les moindres indices, quelque révélation sur les événemens du jour.

Il entendit d'abord un bruit de chevaux et de roues du côté du lac. C'était le charriot qui arrivait, après avoir rencontré des contrariétés sans nombre dans sa marche. Klerbbs ne voulut pas laisser avancer plus loin ce trophée d'un dévoûment inutile ; il courut vers les domestiques, et leur dit avec l'assurance d'un ambassadeur parlant au nom de son souverain :

— Madame vous ordonne de continuer votre route, et d'aller à Madras ; vous vous arrêterez à *Ast et india inn*, et vous y attendrez sir Edward Klerbbs. Deux d'entre vous se détacheront du convoi, à un mille d'ici, et attendront à cheval de nouveaux ordres. Allez, et arrivez avant le jour. Madame le veut.

Un domestique se disposait à faire une humble observation ; mais Klerbbs brisa la phrase commencée par un geste dominateur, et le convoi se mit en marche pour Madras.

Klerbbs revint à la porte de la grange, sur la pointe des pieds, et s'assura que rien n'était changé dans l'état de Gabriel. Alors, il suivit dans toute sa longueur le mur de la ferme, en se voilant des masses flottantes d'un rideau de mûriers de Chine, et s'approcha de la croisée ouverte d'une salle basse, où les domestiques s'entretenaient en buvant.

— Moi, disait l'un, je m'en doutais ; cela ne m'a pas surpris. Une nuit, le mois de mai dernier, Mary me dit : Il y a quelque chose là-bas, de sombre, sous le manguier du lavoir. Je regardai, et je vis une ombre passer sur le lac, au clair de la lune.

— Eh bien ! c'était notre maître le nabab ! Il attendait Goulab toutes les nuits.

— Mais comment s'est-il échappé du milieu de tant de tigres à la chasse du Lutchmi ? demandait une des femmes.

— Eh ! ne l'avez-vous pas entendu raconter cela ? disait un domestique ; c'est un tour de jongleur de la fête d'Agni. Il s'est moqué des tigres à leur barbe ; il a fait cent fois le même tour de force, là-bas, sur le lac ; le seigneur Mounoussamy s'est précipité dans le Gouroul, non pas du côté de l'eau, mais du côté des arbres ; il s'est accroché aux branches, et il est remonté le lendemain, après le lever du soleil.

— Et pourquoi n'est-il pas venu chez madame, tout de suite ? demandait-on.

— Pour faire ce qu'il a fait cette nuit ; c'est une vengeance à l'indienne. Notre maître aime beaucoup sa femme, mais il aime encore plus la vengeance. Il y a toujours du tigre dans le sang de ces hommes ; son frère Talaïperi était seul dans le secret ; il gardait la femme et la maison. Vous n'avez pas vu l'autre nuit le désespoir du seigneur Talaïperi, lorsqu'il a cru que sir Klerbbs avait tué son frère dans les buissons du lac ? Sir Klerbbs a cru blesser un tigre, il a blessé au front le nabab ; ces Indiens ont heureusement des fronts d'airain. C'est le brahmane Syali qui cachait le Mounoussamy dans sa maison, de l'autre côté de la montagne. Quand Goulab, aidé de ses Péons, a mis le feu aux quatre coins de la forêt, pour forcer madame à s'échapper de l'habitation, la clarté de l'incendie a frappé le Mounoussamy dans la maison du brahmane. Le rusé nabab a reconnu la griffe de Goulab, et tout malade et blessé qu'il était, il a franchi le vallon comme le vent, et il est tombé sur Goulab comme la foudre du ciel. Il faut que cet attorney-général soit bien entêté ; il a voulu soutenir à notre maître qu'il n'est pas Mounoussamy ; il n'a pas voulu le reconnaître ; il ne l'a pas salué. Tantôt, quand je suis monté aux chambres pour servir à souper à l'attorney, il m'a dit :

— Écoute, John, comment appelles-tu cet Indien qui est blessé au front et qui a tué Goulab ?

— Mounoussamy, ai-je répondu.

— En es-tu bien sûr ? m'a dit l'attorney d'un air sombre.

— Si j'en suis sûr ! ai-je repris, il y a dix ans que je le sers.

— C'est bon ! m'a-t-il dit d'un ton sec.

Klerbbs entendit le bruit d'une porte qui s'ouvrait, et en deux bonds il regagna la grange. Ce qu'il avait recueilli lui suffisait. Un serrement de cœur l'avait saisi, en apprenant que c'était lui qui avait blessé Mounoussamy dans cette effroyable nuit, où une révélation mystérieuse fit pousser à Héva un cri d'horreur devant les taches de sang qu'il avait rapportées du lac avec Gabriel.

Désormais, pour l'un et pour l'autre, cette maison était inhabitable. Il fallait partir sur-le-champ et ne pas regarder en arrière, de peur de voir, l'un, l'ami qu'il avait blessé à la tête ; l'autre, la femme qu'il avait blessée au cœur. Dans cette situation pleine d'anxiétés douloureuses, Klerbbs résolut de s'assurer de l'état moral de Gabriel à son réveil, et de faire un appel énergique à son courage, pour exciter en lui une forte et salutaire détermination.

Au premier mouvement de Gabriel, Klerbbs l'appela d'une voix ferme, comme il eût fait en temps ordinaire, et il lui dit:

— Mon cher ami, les chevaux nous attendent ; il faut arriver à Madras avant le jour.

Gabriel se souleva brusquement à demi, et tendit la main à Klerbbs, qui la serra comme on fait à un ami en lui apprenant la mort d'une personne adorée.

— A deux mille lieues de son pays, dit Klerbbs, on est obligé d'avoir du courage et d'être un homme en toute occasion.

— Vous serez content de moi, Edward, dit Gabriel en se levant ; ma tête est un peu faible, mais l'air de la nuit me remettra. Un rocher m'est tombé sur le front ; puisque je ne suis pas mort de ce coup, je vivrai.

— Très bien ! Dans ces sortes de maladies, partir sur-le-champ est un premier remède.

— Partons ! dit Gabriel.

Les deux amis gagnèrent la grande allée, et, à peu de distance du dernier arbre, ils trouvèrent les deux domestiques ; Klerbbs leur ordonna de rentrer à la ferme, à pied ; et, s'emparant de leurs chevaux, il courut au galop, avec Gabriel, sur la route de Madras.

L'ardeur de la première course s'étant modérée, Klerbbs, après quelques préambules lénitifs, conta mot à mot à Gabriel la conversation qu'il avait entendue sous la croisée de la salle basse des domestiques. Ce récit ne provoqua aucune réflexion de la part de Gabriel ; ce silence inquiéta Klerbbs.

En arrivant à Madras, à l'aube, Klerbbs laissa Gabriel à l'hôtellerie et courut retenir deux passages à bord d'un brick qui partait pour Pondichéry ce matin même.

— Mon cher Gabriel, dit-il en rentrant, le mal d'amour est comme le mal de poitrine, pour guérir il faut changer d'air.

— Je reste, dit Gabriel.

— Tu restes à Madras ?

— Oui.

— Et que feras-tu à Madras seul ? car je pars, moi.

— Je la verrai... cette femme !

— Gabriel, tu m'avais promis d'être un homme...

— Je le serai... Je veux la voir une fois, une seule fois encore, et je me tue à ses pieds.

— Fou ! comme si j'allais te permettre cela !... Mais est-ce ainsi que les Français comprennent la sainte amitié ? J'ai fait pour toi tout ce que tu as voulu ; j'ai manqué à ma parole, j'ai négligé ma fiancée, j'ai inventé une cage de fer, je me suis brouillé avec mon beau-père, à peu près ; te croyant en péril, je t'ai apporté de Tranquebar mes armes et mon bras ; et aujourd'hui je te prie de venir signer à mon contrat de mariage, et ce premier service que je te demande tu me le refuses, sous prétexte que tu veux te tuer aux pieds d'Héva !

— Oui, Klerbbs, dit Gabriel ému ; oui, tu as raison, je suis un ingrat !... Mais, que veux-tu ?... c'est ainsi... Ne sens-tu pas que c'est ton bonheur même qui met le comble à mon désespoir ?...

— Quel bonheur ?

— Tu vas te marier, Edward, avec une femme charmante, la perle du Coromandel. Moi, je resterai seul. Que ferai-je à Tranquebar ; je te verrai heureux auprès d'une épouse adorée, et ce spectacle de tous les jours me rappellera les époux du Tinnevely, sous le même ciel, dans les mêmes paysages, sur la même mer ! Je frémis encore à une autre idée...

— Quelle idée ?... Voyons ton idée.

— Oh ! impossible...

— Parle, parle... Tu crains de devenir amoureux de ma femme ?... Je t'ai deviné !... Quel homme !

— Edward, il faut que je retourne en France seul, sans toi... et je n'ai pas la force de subir cet isolement... j'aime mieux mourir ici.

— Écoute-moi, Gabriel... Je ne tiens pas du tout à me marier. Veux-tu chasser l'amour par l'amour ? lord Cornwallis te donnera une lettre de recommandation pour le consul anglais de Tranquebar ; moi je disparaîtrai du monde indien. Tu t'installeras chez sir Douglas ; tu deviendras l'idole de la famille, tu aimeras miss Erminia, et tu l'épouseras.

— Quelle atroce plaisanterie me fais-tu là, Edward ?

— Tu devrais me connaître assez pour croire que je parle

sérieusement. Je ne suis pas de ceux qui s'imaginent qu'il n'y a qu'une femme dans le monde. J'aime miss Erminia de cet amour universel que je puis donner à toutes les jolies femmes, et si tu veux l'aimer, je m'embarque sur le *Star*, qui part ce soir pour Southampton. J'irai te rejoindre à Paris, et tu me présenteras à madame Gabriel, qui sera enchantée de ne pas m'avoir épousé... Tu ris, mon ami ; c'est toujours bon de rire. Écoute encore : tu sais que toutes mes plaisanteries ont toujours amené des actions sérieuses ; oui, je n'imiterai pas tant d'hommes qui parlent sérieusement pour arriver à des sottises ; accepte-moi tel que je suis ; léger à l'enveloppe et grave au fond. Mes deux oncles sont morts du *spleen* pour avoir été le contraire : je ne veux pas mourir comme eux.

— Edward, dit Gabriel avec affection, je voulais mourir pour elle, mais tu mérites qu'on vive pour toi. J'irai signer à ton contrat de mariage. Je t'accompagne à Tranquebar.

— Bravo ! te voilà redevenu homme et Français. Crois-le bien, mon ami, si tous les hommes qui sont morts pour des femmes étaient revenus au monde trois mois après, ils ne se seraient pas tués une seconde fois. Agis comme un ressuscité.

— Ah ! Edward ! Edward ! le coup a été bien terrible ! bien terrible !

— Oui, j'en conviens. On adore une femme, on lui tue seize tigres, on va l'épouser, et voilà qu'un affreux géant de mari...

— Edward ! Edward !

— C'est juste, ne parlons plus de cela. C'est un fait accompli... Nous allons avoir des distractions... Tu verras... Nous danserons à mes noces, nous aurons de belle de quinze jours ; nous serons graves pour nous amuser. Lo beau sexe est laid à Tranquebar, à cause des Danois, mais il y aura quelque créole charmante pour faire exception ; tu t'en empareras, et nous désolerons Tranquebar... Allons, tout marche bien... Adieu Madras !... Va te reposer, Gabriel ; va, mon ami... je terminerai bientôt toutes nos petites affaires... J'écrirai quelques lignes diplomatiques à Mounoussamy pour donner un prétexte humain à notre départ précipité... Je verrai lord Cornwallis... je le prierai d'expédier, en ton nom, les seize peaux de tigres à M. de Lacépède, à Paris... Diable ! il ne faut pas perdre ce trésor !... Quant à nos bagages, nous sommes à l'état de Bias ; la flamme de ce Goulab nous a tout dévoré. Je songerai à l'indispensable. Ne te mêle de rien. Dors. Étourdis-toi. Dans quelques heures nous danserons à la pointe des vagues, au golfe du Bengale, cette mer qui continue le Gange. Tu verras comme une passion est petite quand on la regarde du haut de l'Océan indien ! On rougit de soi ; on se fait des excuses ; on se livre aux embrassemens amoureux de cette puissante nature, fille de Dieu, qui vous berce sur un lit de perles et de corail. Voilà une épouse digne de toi ! Je te la livre dans une heure ; celle-là ne te demande pas un tapis de tigres pour sa chambre nuptiale ; elle t'inondera de voluptés divines ; elle roulera des flots d'azur à tes pieds, des flots d'étoiles sur ta tête, des brises de parfums dans tes cheveux. Allons, ami, relève-toi ! Un instant, et je te reviens ; adieu ; mes mains dans tes mains.

L'ardente parole de l'amitié retrempa Gabriel, le rendit à la vie, le renouvela. — Quand un désespoir s'accomplit, un ami a manqué. — Gabriel fut étonné de découvrir, au fond de son âme, un courage suffisant pour s'éloigner et vivre : Klerbbs, à son retour, le trouva prêt au sacrifice. La voile frissonnait aux mâts ; de petites vagues bleues, pailletées de grains de soleil, arrivaient, harmonieuses, comme des cascades de perles ; les pavillons riaient dans l'air ; les matelots chantaient sur les vergues ; les oiseaux de mer et les chaloupes ailées rasaient ensemble l'onde bengalienne. La joie tombait du ciel en rosée lumineuse ; le soleil semblait se baigner dans le golfe, comme le roi de l'Inde à son lever.

— Mon ami, dit Klerbbs en montant l'échelle du vaisseau, ceux qui sont morts, frappés au cœur par une passion, avaient de la boue au seuil de leur maison et du brouillard sur leurs toits.

L'enchantement de la traversée livra les deux amis à la contemplation, et ne leur permit d'échanger que des phrases intermittentes sans intérêt.

On arriva bientôt à Pondichéry. Il y avait déjà tout un monde entre cette ville et le lac d'Héva.

Gabriel entrait en convalescence.

Sir Edward, accompagné de Gabriel, se rendit, en arrivant à Pondichéry, chez le consul anglais pour lui faire sa visite. On lui répondit, à l'*Office*, que le consul était parti pour Tranquebar sur l'invitation de son collègue, sir Douglas, qui célébrait le mariage de sa fille.

— Il n'y a pas de temps à perdre, dit Klerbbs à Gabriel. Les invités arrivent avant nous. Heureusement, la cérémonie ne peut se faire sans moi.

Et, s'adressant au *clerk*, Edward lui fit cette question :

— A-t-on dit quel jour le mariage aurait lieu ?

— Il a été célébré hier, répondit le *clerk*.

— Hier ! s'écria Edward. Il a donc été célébré sans l'époux ?

— C'est le consul qui a accompagné sir Wales chez son beau-père.

— Qu'est-ce que sir Wales ? demanda Edward.

— C'est le gendre de sir Douglas, le père de miss Erminia.

— Ah ! voilà du neuf ! Sir Wales ! celui que j'ai blessé à Bangalore... il s'est piqué !... je lui avais pris sa statue, il m'a pris ma femme. J'aime mieux mon lot.

Klerbbs salua et sortit avec Gabriel.

— Mon cher, lui dit-il en descendant l'escalier, le beau-père m'a tenu rigueur. Je m'y attendais. À ton tour de me consoler maintenant. Nous voilà de pair dans l'infortune de l'amour ! Au fond, j'en suis bien aise, ne serait-ce que pour te donner l'exemple d'une héroïque résignation.

— Ah ! tu ne l'aimais pas, toi, cette femme ! dit Gabriel avec un accent qui trahissait une douleur encore vive.

— Gabriel ! dit Klerbbs d'un ton de Mentor irrité, voilà un soupir qui ne me plaît pas ! Point de rechute ! entends-tu ?... Je vais t'imposer un dernier remède qui sera souverain, et dont je prendrai ma part.

— Quel remède ? demanda Gabriel timidement.

— Il est affiché là, en gros caractère, au coin de la rue Suffren. Lis... *Sous charge pour le Havre, le beau trois-mâts l'*ALCIDE. Il part ce soir ce beau *trois-mâts* ! O bonheur ! Ce soir nous serons sur la grande route de Paris !

— Allons payer notre passage ! dit Gabriel d'un ton violemment résolu.

— Bravo ! s'écria Edward, le Rubicon est passé !

Cinq mois après le départ de l'*Alcide*, on lisait dans la chronique du *Journal des Savans* :

« Le jeune et hardi voyageur Gabriel de Nancy est arrivé
» de l'Inde, après avoir exploré la presqu'île du Gange dans
» l'intérieur, et côtoyé Malabar et Coromandel. La science
» ornithologique sera redevable à M. Gabriel de Nancy de
» quelques découvertes précieuses. Le rapport qu'il a pré-
» senté à l'Institut prouve évidemment que le *Turracus
» Albus* appartient à l'Afrique méridionale, et que l'Inde ne
» possède aucun individu de cette espèce. L'infatigable voya-
» geur a apporté seize superbes tigres du Bengale morts,
» et parfaitement conservés, grâces aux ingénieux procédés
» de la Société de Taxidermie établie à Madras. Le ministre,
» pour reconnaître le zèle de M. Gabriel de Nancy, va lui
» confier une nouvelle mission. Notre intrépide voyageur,
» muni d'instructions précieuses, partira bientôt pour visi-
» ter le midi de l'Afrique, depuis le cap de Bonne-Espérance
» jusqu'à Zanguebar. On ne saurait confier en de meilleures
» mains les intérêts de la science ornithologique. »

FIN D'HÉVA.

Typ. de Mme Ve DONDEY-DUPRÉ, rue St-Louis, 46, au Marais.

En Vente, chez MICHEL LÉVY FRÈRES, Libraires-Éditeurs.

LE THÉATRE CONTEMPORAIN ILLUSTRÉ

CHOIX DES PRINCIPALES PIÈCES DE

MM. Alexandre Dumas, Balzac, Eugène Sue, Scribe, Frédéric Soulié, Jules Sandeau, Bayard, Lockroy, Dumanoir, Anicet-Bourgeois, Léon Gozlan, Marc-Fournier, Mélesville, Duvert et Lauzanne, Dennery, Paul Féval, Félix Pyat, Bouchardy, Labiche et Marc Michel, Rosier, Michel Masson, Méry, de Saint-Georges, Jules de Prémaray, Henry Murger, Auguste Maquet, Emile Souvestre, Ferdinand Dugué, Cognard Frères, Amédée Achard, Léon Guillard, Th. Barrière, A. Decourcelle, Michel Carré, Jules Barbier, Charles Desnoyer, Alphonse Royer, Gustave Vaez, A. Lefranc, Delacour, etc., etc.

20 Centimes la Livraison. — Il en paraît une ou deux par Semaine

CHAQUE PIÈCE 20 CENTIMES
CHAQUE SÉRIE BROCHÉE SE COMPOSANT DE 5 PIÈCES, 1 FRANC.

PIÈCES EN VENTE :

Première Série. — Prix : 1 franc.

Le Chiffonnier de Paris, drame en 5 actes, de Félix Pyat. . . . . . 20 c.
La Closerie des Genêts, drame en 5 actes, de Frédéric Soulié. . . . } 40
Une Tempête dans un verre d'eau, comédie en 1 acte de Léon Gozlan. . }
Le Morne au Diable, drame en 5 actes d'Eugène Sue. . . . . } 40
Pas de Fumée sans Feu, comédie-vaudeville en 1 acte, de Bayard. . }

Deuxième Série. — Prix : 1 franc.

Trois Rois, trois Dames, comédie-vaudeville en 3 actes, de Léon Gozlan. . 20 c.
La Marâtre, drame en 5 actes, de Balzac. . . . . } 40
La Ferme de Primerose, comédie-vaud. en 1 acte, de Cormon et Dutertre. }
Le Chevalier de Maison-Rouge, drame en 5 actes, d'A. Dumas et Maquet. } 40
L'Habit vert, comédie en 1 acte, d'Alfred de Musset et Emile Augier. }

Troisième Série. — Prix : 1 franc.

Benvenuto Cellini, drame en 5 actes, de Paul Meurice. . . . . . . } 40 c.
Frisette, comédie-vaudeville en 1 acte, de Labiche et Lefranc. }
Clarisse Harlowe, drame en 3 actes, de Dumanoir et Guillard. 20
La Reine Margot, drame en 5 actes, d'Alexandre Dumas et A. Maquet. } 40
Jean le Postillon, vaudeville en 1 acte, de Carmouche et Paul Vermond. }

Quatrième Série. — Prix : 1 franc.

La Foi, l'Espérance et la Charité, drame en 5 actes, de Rosier. . . } 40 c.
Le Bal du Prisonnier, com.-vaud. en 1 acte, de Guillard et Decourcelle. }
Hamlet, drame en 5 actes, d'Alexandre Dumas et Paul Meurice. . . . } 40
Le Lait d'ânesse, comédie-vaudeville en 1 acte, de Gabriel et Dupeuty. }
Hortense de Blengie, drame en 3 actes, de Frédéric Soulié. 20

Cinquième Série. — Prix : 1 franc.

Le Fils du Diable, drame en 5 actes, de Paul Féval et Saint-Yves. . } 40 c.
Une Dent sous Louis XV, vaudeville en 1 acte, de Labiche et Lefranc. }
Le Lièvre noir, drame en 5 actes, de Léon Gozlan. . . . . } 40
Midi à quatorze heures, comédie-vaudeville en 1 acte de Th. Barrière. }
La Petite Fadette, pièce en 2 actes, d'après Georges Sand. 20

LE MUSÉE LITTÉRAIRE DU SIÈCLE

Choix des meilleurs ouvrages de MM. de LAMARTINE, Alexandre DUMAS, de BALZAC, Jules JANIN, Eugène SUE, Emile de GIRARDIN, Charles de BERNARD, Frédéric SOULIÉ, Jules SANDEAU, MÉRY, Alphonse KARR, Léon GOZLAN, Félix PYAT, Emile SOUVESTRE, SCRIBE, Paul FÉVAL, Louis DESNOYERS, Emmanuel GONZALÈS, Marc FOURNIER, SAINTINE, Michel MASSON, Emile MARCO DE SAINT-HILAIRE, etc., etc.

Il paraît deux Livraisons par semaine ou une Série tous les quinze jours.

20 centimes la livraison composée de 24 pages.

EN VENTE, OUVRAGES COMPLETS :

ALEXANDRE DUMAS

Les Trois Mousquetaires.	1 vol. Prix :	1	50
Vingt ans après.	— —	2	»
Le Vicomte de Bragelonne	— —	4	50
Le Chevalier de Maison-Rouge. . .	— —	1	10
Le Comte de Monte-Cristo.	— —	3	60
La Reine Margot.	— —	1	50
Ascanio.	— —	1	30
La Dame de Monsoreau	— —	2	20
Amaury	— —	»	90
Les Frères corses.	— —	»	50
Les Quarante-cinq.	— —	2	20
Les deux Diane.	— —	2	»

LÉON GOZLAN

Les Nuits du Père-Lachaise . . . . . — — 1 10

PAUL FEVAL

Les Mystères de Londres. . . . . . . — — 3 »
Les Amours de Paris . . . . — — 1 75

ALPHONSE KARR

Sous les Tilleuls. . . . . — — » 90

FRÉDÉRIC SOULIÉ

Saturnin Fichet. . . . . — — 2 »

EUGÈNE SUE

Les Sept Péchés capitaux. . . . . . 1 vol. Prix : 5 »
Chaque ouvrage se vend séparément.

L'Orgueil. . . . . — — 1 50
L'Envie. . . . . — — » 90
La Colère. . . . . — — » 70
La Luxure. . . . . — — » 70
La Paresse. . . . . — — » 50
L'Avarice. . . . . — — » 50
La Gourmandise. . . . . — — » 50
Les Enfants de l'Amour . . . . — — » 90
La Bonne Aventure. . . . . — — 1 50
L'Institutrice. . . . . — — » 90

MÉRY

Héva. . . . . — — » 50
La Floride. . . . . — — » 70
La Guerre du Nizam. . . . . — — 1 »

CHARLES DE BERNARD

La Femme de 40 ans . . . . — — » 30
Un Acte de Vertu et la Peine du Talion. — — » 50
L'Anneau d'argent. . . . . — — » 30

EUGÈNE SCRIBE

Carlo Broschi. . . . . — — » 50
La Maîtresse anonyme. . . . . — — » 30
Judith ou la loge d'opéra. . . . . . — — » 30
Proverbes. . . . . — — » 70

Paris. — Typographie de Mme Ve Dondey-Dupré, rue Saint-Louis, 46, au Marais.

www.ingramcontent.com/pod-product-compliance
Lightning Source LLC
Chambersburg PA
CBHW060716050426
42451CB00010B/1473